DIREITO COMERCIAL

CONTRATOS DE DISTRIBUIÇÃO COMERCIAL

RELATÓRIO

CONTRATOS DE DISTRIBUIÇÃO COMERCIAL
AUTOR
António Pinto Monteiro
EDITOR
EDIÇÕES ALMEDINA, S.A.
Rua Fernandes Tomás, n.ºs 76, 78 e 80
3000-167 Coimbra
Tel.: 239 851 904 · Fax: 239 851 901
www.almedina.net · editora@almedina.net
DESIGN DE CAPA
FBA.
EDITOR
EDIÇÕES ALMEDINA, S.A.
IMPRESSÃO E ACABAMENTO
DPS - DIGITAL PRINTING SERVICES, LDA
Outubro, 2018
DEPÓSITO LEGAL
173831/01

Os dados e as opiniões inseridos na presente publicação são da exclusiva responsabilidade do(s) seu(s) autor(es).

Toda a reprodução desta obra, por fotocópia ou outro qualquer processo, sem prévia autorização escrita do Editor, é ilícita e passível de procedimento judicial contra o infrator.

 | GRUPOALMEDINA

BIBLIOTECA NACIONAL DE PORTUGAL – CATALOGAÇÃO NA PUBLICAÇÃO

MONTEIRO, António Pinto, 1951-

Direito comercial: contratos de distribuição comercial: relatório. – (Monografias)
ISBN 978-972-40-1614-6

CDU 347

ANTÓNIO PINTO MONTEIRO

DIREITO COMERCIAL

CONTRATOS DE DISTRIBUIÇÃO COMERCIAL

RELATÓRIO

Apresentado por António Joaquim de Matos Pinto Monteiro, nos termos do art. 9.º, n.º 1, al. *a*), do Decreto n.º 301/72, de 14 de Agosto, aplicável por força do disposto nos arts. 24.º do mesmo diploma e 12.º do Decreto-Lei n.º 263/80, de 7 de Agosto, para a prestação de provas de agregação do 4.º Grupo (Ciências Jurídicas) da Faculdade de Direito da Universidade de Coimbra.

(Reimpressão)

ALMEDINA

Um grato cumprimento à *Alexander von Humboldt-Stiftung* pela bolsa de investigação que de novo me concedeu, desta vez em Maio, Junho e Julho de 1999, bem como ao *Senhor Professor Doutor Claus-Wilhelm Canaris*, pela cordial disponibilidade e atenção com que, como sempre, me acolheu no *Institut für Bürgerliches Recht und Zivilprozessrecht* da Universidade de Munique.

NOTA À 4.ª REIMPRESSÃO

Pela quarta vez me informa a Livraria Almedina que está esgotada esta minha obra sobre os *Contratos de Distribuição Comercial*, solicitando-me, ao mesmo tempo, que prepare uma nova edição ou que autorize uma outra reimpressão. E mais uma vez optei por este segundo termo da alternativa, autorizando uma nova reimpressão.

Ao Leitor que me vem honrando com a consulta desta obra apresento as minhas saudações afectuosas, esperando que encontre nela as respostas e os esclarecimentos que pretende.

Coimbra, 21 de Setembro de 2018

ANTÓNIO JOAQUIM DE MATOS PINTO MONTEIRO

SIGLAS

AGBG = AGB-Gesez	Gesetz zur Regelung des Rechts der Allgemeinen Geschäfsbedingungen (lei alemã, de 9 de Dezembro de 1976, que institui o regime das condições gerais do contrato)
AJURIS	Associação dos Juízes do Rio Grande do Sul
BB	Der Betriebsberater
BFD	Boletim da Faculdade de Direito da Universidade de Coimbra
BGB	Bürgerliches Gesetzbuch (Código Civil alemão, de 1896, em vigor)
BGH	Bundesgerichtshof (Tribunal Federal alemão, com funções equiparáveis às de um Supremo)
BMJ	Boletim do Ministério da Justiça
CJ	Colectânea de Jurisprudência
CJ-Acs. STJ	Colectânea de Jurisprudência — Acórdãos do Supremo Tribunal de Justiça
DB	Der Betrieb
Dir	O Direito
DR	Diário da República
ED	Enciclopedia del Diritto
EDC	Estudos de Direito do Consumidor
EG	Enciclopedia Giuridica Treccani
ERPL	European Review of Private Law
GC	Giurisprudenza Commerciale
HGB	Handelsgesetzbuch (Código Comercial alemão, de 1897, em vigor)
ICEP	Instituto do Comércio Externo de Portugal

JCP	Juris-classeur périodique. La semaine juridique
JOCE	Jornal Oficial das Comunidades Europeias
NDI	Novissimo Digesto Italiano
NJW	Neue Juristische Wochenschrift
RBDC	Revista Brasileira de Direito Comparado
RDE	Revista de Direito e Economia
RDES	Revista de Direito e de Estudos Sociais
RDM	Revista de Derecho Mercantil
Rep. Dcom Dalloz	Répertoire de Droit Commercial (Encyclopédie Juridique)
RFDUL	Revista da Faculdade de Direito da Universidade de Lisboa
RLJ	Revista de Legislação e de Jurisprudência
ROA	Revista da Ordem dos Advogados
RPI	Revista de Propriedade Industrial
RTDE	Revue Trimestrielle de Droit Européen
RTDcom	Revue Trimestrielle de Droit Commercial et Économique
SI	Scientia Iuridica
STA	Supremo Tribunal Administrativo
STJ	Supremo Tribunal de Justiça
WM	Wertpapier-Mitteilungen
ZHR	Zeitschrift für das gesamte Handelsrecht und Wirtschaftsrecht

INTRODUÇÃO

1. Relatório

Determina o art. 9.°, n.° 1, al. a), do Decreto n.° 301/72, de 14 de Agosto (aplicável por força do disposto nos arts. 24.° do mesmo diploma e 12.° do Decreto-Lei n.° 263/80, de 7 de Agosto), que os candidatos às provas para obtenção do título de agregado deverão entregar "quinze exemplares, impressos ou policopiados, de um relatório que inclua o programa, os conteúdos e os métodos do ensino" das matérias da disciplina, ou de uma das disciplinas, do grupo a que respeita o concurso.

Por despacho do Magnífico Reitor da Universidade de Coimbra, foi o candidato admitido às provas para obtenção do título de Agregado do 4.° Grupo (Ciências Jurídicas) da Faculdade de Direito da mesma Universidade.

Cumprindo esta exigência legal[1], o Relatório que agora se apresenta incide sobre a disciplina de Direito Comercial do Mestrado em Ciências Jurídico-Empresariais.

---

[1] Que não é isenta de dúvidas e de críticas, sobressaindo as que OLIVEIRA ASCENSÃO repetidamente lhe vem fazendo, nos vários Pareceres do Autor sobre Relatórios submetidos à sua apreciação: assim, por ex., *Parecer sobre "Aspectos Metodológicos e Didácticos do Direito Processual Civil"*, in RFDUL, vol. XXXV, Lisboa, 1994, p. 439; *Parecer sobre o "Relatório sobre o Programa, o Conteúdo e os Métodos de Ensino da Disciplina de Direito e Processo Civil (Arrendamento)"*, na mesma Revista, vol. XXXVII, Lisboa, 1996, pp. 603, s.; *Parecer sobre o "Ensino do Direito Comparado" do Doutor Carlos Ferreira de Almeida*, ainda na mesma Revista, vol. XXXVIII, Lisboa, 1997, p. 573. E também MENEZES CORDEIRO, entre outros Autores, tem dado conta das "várias anomalias" de que padece esta exigência legal sobre os Relatórios, quer do concurso para Professor Associado, quer das provas de agregação: cfr. *Teoria Geral do Direito Civil — Relatório*, Separata da RFDUL, Lisboa, 1988, pp. 30,ss, e *Direito Bancário. Relatório*, Coimbra, 1997, p. 14.

2. Disciplina

O candidato doutorou-se em 2 de Outubro de 1990 e participou numa reunião do Conselho Científico, pela primeira vez, em 19 de Outubro desse ano. Um dos pontos da ordem do dia era a distribuição de serviço docente para o ano lectivo de 1990/91. O Conselho atribuiu ao candidato as regências da 2.ª Turma de *Teoria Geral do Direito Civil*, no 2.º ano da Licenciatura em Direito, e de *Direito Comercial*, no Mestrado em Ciências Jurídico-Empresariais.

Tendo em conta a exigência legal, para as provas de agregação, de um Relatório sobre o programa, os conteúdos e os métodos de ensino de uma disciplina, mas tendo igualmente em conta a mesma exigência legal para o concurso para Professor Associado — já satisfeita esta, em 1995, com a entrega de um Relatório sobre a *Teoria Geral do Direito Civil* —, o candidato optou, desta vez, pela *outra* disciplina que rege desde 1990: o *Direito Comercial*, no Mestrado em Ciências Jurídico-Empresariais.

3. Mestrado

Não é a primeira vez que na Faculdade de Direito de Coimbra se opta, nas provas de agregação ou no concurso para Professor Associado, por uma disciplina do Mestrado em Direito. De todo o modo, é este um caminho *menos percorrido*, parecendo oportuno apresentar umas notas prévias, muito breves, sobre o Mestrado e seus antecedentes.

O grau de mestre foi introduzido no ensino superior português pelo Decreto-Lei n.º 263/80, de 7 de Agosto. Estabeleceu este diploma que a concessão do grau de mestre depende da aprovação em *curso especializado* e da elaboração e discussão de uma *dissertação* original. O referido curso não deveria ser inferior a um nem superior a dois anos lectivos, após o que teria lugar, no prazo máximo de dois anos, a apresentação e defesa da dissertação (art. 4.º).

Este diploma legal foi entretanto revogado e substituído pelo Decreto-Lei n.º 216/92, de 13 de Outubro, que pretendeu, além do mais, autonomizar "o regime relativo à obtenção dos graus perante o atinente ao desenvolvimento das carreiras docentes do ensino superior". Assim se desejou reforçar o interesse por uma formação pós-graduada mesmo por quem não tenha nem pretenda seguir a carreira docente do ensino superior.

A duração máxima do curso de mestrado — nele incluída a frequência do curso de especialização e a apresentação da dissertação — foi reduzida para quatro semestres (art. 7.º). E foi decidido criar um diploma de conclusão da parte curricular do mestrado (art. 10.º).

Desde que foi criado em 1980, o Curso de Mestrado tem procurado incentivar a investigação científica e aprofundar a formação do aluno. Como se proclama logo a abrir o conjunto de normas que estabelece o quadro jurídico do mestrado, "o grau de mestre comprova nível aprofundado de conhecimentos numa área científica específica e capacidade para a prática da investigação" (art. 5.º, n.º 1, do Decreto-Lei n.º 216/92, de 13 de Outubro, assim como, já antes, o art. 1.º, n.º 2, do Decreto-Lei n.º 263/80, de 7 de Agosto). E a experiência destes cerca de 20 anos de Mestrados nas Faculdades de Direito portuguesas tem sido, cremos, altamente positiva.

O Mestrado não só vem despertando o interesse por uma *formação pós-graduada* a alunos que não têm no seu horizonte a carreira docente, como possibilitou um efectivo *enriquecimento* da ciência jurídica portuguesa, graças, designadamente, aos inúmeros *estudos* que vêm sendo publicados, "maxime" às *dissertações*, em regra de elevado nível.

4. Antecedentes

Esta preocupação com o aprofundamento da *formação académica* e com o incentivo da *investigação científica* é antiga, não surgiu apenas em 1980. Com efeito, já com a reforma de 1972, que *introduziu os cursos de pós-graduação*, e até com a de 1945, através do novo figurino atribuído aos *cursos complementares*, se visava dinamizar a *investigação* no domínio das ciências jurídicas e a *especialização* nos vários ramos do direito[2].

---

[2] É claro que não é nossa intenção percorrer as várias reformas do ensino do direito, antes, tão-só, encontrar os antecedentes próximos do actual curso de mestrado. O que nos leva aos cursos complementares, segundo o figurino da reforma de 1945, a que sucederam, a partir de 1972, os cursos de pós-graduação. De todo o modo, para uma visão alargada e sobre o sentido das várias reformas, recomenda-se, por último, RUI MARCOS, *História do Direito. Relatório sobre o programa, o conteúdo e os métodos de ensino*, Coimbra, 1999; sem esquecer, naturalmente, entre outros, PAULO MERÊA, *Esboço de uma História da Faculdade de Direito*, in BFD, vol. XXIX, 1953, pp. 23,ss, e MÁRIO JÚLIO DE ALMEIDA COSTA, *O Ensino do Direito em Portugal no Século XX* (*Notas sobre as Reformas de 1901 e 1911*), Separata do BFD, vol. XXXIX, Coimbra, 1964, pp. 5,ss.

Mas não resistimos a destacar a importante Reforma dos Estudos Jurídicos de 1911, aprovada pelo Decreto de 18 de Abril de 1911, e sobretudo a justificação desta Reforma, apresentada no "Relatório" que antecede o Decreto que a consagrou.

Lê-se nesse "Relatório" (extenso e muito bem feito), entre muitas outras passagens de grande interesse e actualidade, que "o presente decreto sobre a reforma dos estudos jurídicos assenta primordialmente na separação entre a *função docente*, que pertence à escola, e a *funcção de julgamento*, que deve pertencer a representantes do Estado (...). Desta maneira, a escola desonera-se de uma multiplicidade de embaraços que perturbam a sua funcção característica, que é cultivar e ensinar a sciencia. Desembaraça-se do exame, que na escola de direito, tem sido a grande *preoccupação* de professores e estudantes e, nos últimos tempos, uma das maiores causas das perturbações do ensino. Os exames são infinitos e duram meses, e, para que não absorvam o anno inteiro, tem-se tornado necessario que os examinadores trabalhem de sol a sol e, por vezes, passem o serão à mesa das provas. Semelhante systema teve como consequencia nefasta transformar o exame no *objectivo* dominante do ensino. O professor tinha de sacrificar ao exame o tempo, a energia e até a tranquillidade mental necessarios à investigação scientifica. O estudante via o professor através do exame e o exame personificado no professor, factos estes que motivavam na escola a falta de cordialidade tão necessária à efficacia do ensino. E estes inconvenientes, se são minimos nas escolas pouco frequentadas, são maximos nas escolas muito concorridas, onde o *culto do exame* representa sempre uma viciação do ensino.

Tornava-se, por isso, necessario purificar a atmosphera da escola de direito, garantindo ao professor o tempo e o socego mental indispensaveis ao exercicio da

Aos cursos de pós-graduação se referia já o Decreto-Lei n.º 388/70, de 18 de Agosto, ao estabelecer o regime do doutoramento, permitindo que os conselhos escolares exigissem do doutorando a frequência de "cursos de pós-graduação de especialidades", nas escolas em que eles funcionassem, instituídos por diploma legal (art. 5.º, n.º 4). Pelo que respeita às Faculdades de Direito, foi com o Decreto n.º 364/72, de 28 de Setembro, que tais cursos foram introduzidos.

---

sua funcção docente e libertando o espirito do estudante das preoccupações que nelle faz nascer a ideia do professor-examinador.

O meio de realizar a separação entre a funcção docente e a funcção de julgamento viu-o o Governo no systema dos *exames de Estado*" (citando o Relatório os sistemas alemão, austríaco e suíço).

E prossegue, mais à frente, o Relatório:"Restituída a escola à sua verdadeira missão, importava traçar as linhas da sua organização e do seu funccionamento, segundo os princípios que devem orientar o ensino do direito". Seguem-se considerações sobre o quadro das disciplinas, o tipo de ensino ("segundo um plano *aconselhado* e não segundo um plano *imposto* aos estudantes"), as formas por que seria ministrado (compreendendo "lições magistrais", "cursos praticos", "cursos de investigação cientifica" e "cursos de repetição", ao longo de 5 anos, podendo haver ainda "cursos livres, geraes ou especiaes") e os exames de Estado (excepto o doutoramento e os concursos para recrutamento dos professores e assistentes, que pertenciam à Escola).

A respeito dos cursos de investigação científica, considera-se expressamente que "a escola superior não tem por fim exclusivamente, nem sequer principalmente, transmitir aos alumnos a sciencia feita; mas é sua missão ainda ensinar os processos da investigação scientifica, promover a organização de trabalhos originaes, e assim concorrer para o progresso da sciencia". Dando conta das várias experiências estrangeiras conhecidas (dos "seminários", na Alemanha e Itália, e das "salas de trabalho", em França), decidiu-se dar o mesmo passo em Portugal, criando-se o *"Instituto Jurídico"*, destinado "a promover a formação, dentro da Faculdade de Direito, de um centro de actividade scientifica", compreendendo 4 secções (História do direito e legislação comparada; ciências económicas; ciências políticas; ciências jurídicas), e que o art. 32.º do Decreto de 18 de Abril de 1911 destinava "a iniciar os estudantes nas investigações scientificas". O Relatório e o texto do Decreto estão reunidos numa publicação da Imprensa da Universidade de Coimbra, datada de 1911 e intitulada: *Legislação Universitária. I – Faculdade de Direito. I Reforma dos Estudos Jurídicos (Approvada pelo decreto com força de lei de 18 de Abril de 1911).*

Efectivamente, estabelecia o art. 14.º, n.º 1, deste diploma: "As Faculdades organizarão cursos de pós-graduação para licenciados em Direito, cujos planos de estudo serão aprovados pelo Ministro da Educação Nacional, sob proposta do conselho escolar e ouvida a Junta Nacional da Educação". Seguidamente, os demais números do mesmo preceito determinavam a duração mínima do curso (1 ano) e a obrigatoriedade da frequência das aulas, disciplinavam a composição do júri encarregado do exame do candidato e consagravam o tipo de classificação e os efeitos e benefícios dos diplomados com os cursos de pós-graduação.

Ao introduzir estes cursos, o citado Decreto n.º 364/72 referia expressamente, no seu preâmbulo, que se aproveitava "a experiência dada pelos cursos complementares, criados pelo Decreto-Lei n.º 34.850, de 21 de Agosto de 1945". E o n.º 7 do art. 14.º daquele Decreto estendia aos diplomados com os cursos de pós-graduação as vantagens atribuídas, pela legislação de 1945, aos diplomados com os cursos complementares. Numa palavra, os cursos de pós-graduação *sucediam* aos ditos cursos complementares.

Importa que se esclareça, todavia, que os chamados "cursos complementares" não surgiram, pela primeira vez, em 1945. Na verdade, já a Reforma de 1928 consagrava um curso complementar de um ano. Mas com esta particularidade: o Decreto n.º 16.044, de 16 de Outubro de 1928, repartiu o ensino do direito por um *curso geral* de quatro anos, "constituído pelas disciplinas essenciais à preparação para uma cultura jurídica geral", a que correspondia o grau de *bacharel* em direito, e por um *curso complementar* de um ano, "destinado principalmente a estimular a iniciativa dos alunos e a completar a sua formação jurídica", que poderia ser de ciências jurídicas ou de ciências político-económicas, que só admitiria alunos aprovados no curso geral com a informação final mínima de 12 valores, e a que correspondia o grau de *licenciado* em ciências jurídicas ou em ciências político-económicas (cfr. arts. 2.º, 4.º, 7.º e 12.º). Ora, na alteração do plano de estudos operada em 1945, *voltou-se* ao curso de *cinco anos*, mas, reconhecendo-se ter sido benéfica a criação de *cursos complementares*, decidiu-se que estes fossem *mantidos*, embora segundo um *novo figurino*.

Contratos de Distribuição Comercial – Relatório   17

Assim, o Decreto-Lei n.º 34.850, de 21 de Agosto de 1945, *suprimiu* o grau de bacharel, regressando ao sistema de grau *único* de licenciado (anterior à Reforma de 1928), e *manteve* os cursos complementares, *mas deixando de lhes fazer corresponder qualquer grau académico*. Todavia, houve a preocupação de valorizar estes cursos, enquanto oportunidade para incentivar a investigação e a crítica, ficando reservados aos alunos licenciados com a classificação mínima de 14 valores e atribuindo-se vantagens várias a quem os concluísse.

Em conformidade com o que acaba de dizer-se, o art. 1.º do citado Decreto-Lei n.º 34.850, de 21 de Agosto de 1945, modificou o Decreto n.º 16.044, de 16 de Outubro de 1928, tendo conferido nova redacção a vários artigos deste diploma.

Voltou-se, como foi dito, ao curso geral de 5 anos, "constituído pelas disciplinas essenciais à cultura jurídica", a que correspondia o grau de licenciado em Direito; e previram-se dois cursos complementares de 1 ano, "destinados principalmente a estimular a iniciativa dos alunos e a aperfeiçoar e especializar a sua formação jurídica", um de ciências jurídicas e outro de ciências político-económicas, a que não correspondia qualquer grau académico, embora proporcionassem vantagens várias a quem os concluísse com êxito (cfr. arts. 2.º, 4.º, 7.º, 12.º e 15.º do diploma de 28, com a redacção que lhe foi conferida em 45).

Como já referimos, a estes cursos *complementares*, segundo o modelo de 1945, *sucederam*, em 1972, os cursos de *pós-graduação*[3]. O velho "6.º ano" (como eram conhecidos esses cursos complementares) e as pós-graduações proporcionaram à Faculdade de Direito excelentes trabalhos de investigação. Em Coimbra, era

---

[3] Curiosamente, é com a Reforma de 45, que *acaba com o grau de bacharel*, que surge o *modelo* do curso complementar *pós-licenciatura*; todavia, este modelo é *mantido* com a Reforma de 72,através dos cursos de pós-graduação, também eles pós-licenciatura, *apesar de se ter regressado* (um regresso lamentável, a vários títulos, designadamente pelo plano de estudos que consagrou e pela concepção empobrecedora de formação jurídica que denotava) *ao bacharelato*.

orientação da Faculdade exigir estes cursos a quem pretendesse apresentar-se a doutoramento. Mas apesar dos bons resultados que proporcionaram, tais cursos interessavam fundamentalmente — ou quase só — a quem tinha no seu horizonte a carreira docente.

5. Resultados do Mestrado

A situação alterou-se bastante com o Mestrado. Introduzido em 1980, como já se disse, e reformulado em 1992, o curso de mestrado passou a conferir um grau académico, *diferentemente* do que sucedia com os cursos de pós-graduação e com os cursos complementares (após 1945). E um grau académico *novo* — o grau de *mestre* —, entre a licenciatura e o doutoramento, o que, efectivamente, pela primeira vez se verificava.

Esta circunstância, aliada a vários outras, contribuiu para *valorizar* os cursos de mestrado e suscitar o *interesse* de muitos licenciados em frequentá-los. É claro que, tendo o Estatuto da Carreira Docente do Ensino Superior tornado em princípio obrigatório o mestrado para a passagem de assistente-estagiário a assistente, e tendo entretanto aumentado consideravelmente o número de Faculdades de Direito em Portugal (públicas e privadas, mas especialmente estas últimas) e a consequente necessidade de um número cada vez maior de pessoal docente graduado, isso explica, em grande medida, o interesse *alargado* pela frequência deste curso e, ao mesmo tempo, serem razões ligadas à carreira docente que mais justificam tal interesse. Mas importa que se diga que o recurso ao mestrado tem ido além de razões deste tipo e que o perfil do aluno que o frequenta está longe de se identificar ou reduzir ao docente universitário.

Na Faculdade de Direito de Coimbra, segundo informação dos Serviços, foram 221 os alunos que obtiveram, até agora, o grau de Mestre, o que corresponderá a cerca de um terço, apenas, do total de alunos que frequentaram (ou começaram a frequentar) os respectivos cursos (até ao ano lectivo 1999/2000, inclusive, foram 698 os

Contratos de Distribuição Comercial – Relatório 19

alunos matriculados). Dos que obtiveram o grau de Mestre em Direito, 55 pertencem à área de especialização em Ciências Jurídico-Empresariais. Na Faculdade de Direito de Lisboa, realizaram-se 279 provas de mestrado, informação que obtivemos por gentileza do Presidente do Conselho Científico desta Faculdade, Doutor Menezes Cordeiro.

6. Ciências Jurídico-Empresariais

É esta uma das áreas de especialização em que a Universidade de Coimbra, através da Faculdade de Direito, concede o grau de Mestre em Direito. Logo com a Portaria n.º 853/82, de 8 de Setembro, que sob proposta do Conselho Científico da Faculdade criou o mestrado em Direito, as Ciências Jurídico-Empresariais se tornaram uma das áreas de especialização[4]. Esta matéria é hoje abrangida pelo Regulamento do Mestrado[5]. E o Direito Comercial é naturalmente a disciplina com que, desde o início, abre o quadro de disciplinas nucleares da área de especialização em Ciências Jurídico-Empresariais, a frequentar no curso de especialização e sobre a qual pode versar a dissertação de mestrado.

A Faculdade tem considerado disciplinas de frequência obrigatória o Direito Comercial e o Direito das Empresas. A primeira foi regida, desde o início do Mestrado, em 1982/83, até ao termo do ano lectivo de 1989/90, pelo Doutor Vasco Xavier, e a partir do ano lectivo 1990/91, pelo autor deste Relatório; a segunda foi regida, de 1982/83 a 1995/96, pelo Doutor Orlando de Carvalho, e desde 1996/97, pelo Doutor Coutinho de Abreu.

---

[4] Entretanto, pelo Despacho 15/91, de 25 de Junho de 1991, do Reitor da Universidade de Coimbra, foi acrescentada, sob proposta da Faculdade de Direito e por resolução do Senado de 24 de Abril de 1991, a especialização em Integração Europeia (cfr. DR II série n.º 157, de 11 de Julho de 1991, p. 7287).

[5] Que pode consultar-se no *Guia da Faculdade de Direito da Universidade de Coimbra*, publicado, em cada ano, pelo Conselho Directivo da Faculdade com o apoio da Coimbra Editora (cfr. as pp. 333,ss, da edição de 2000/2001).

7. Direito Comercial. Tema

Conforme já se disse, no Conselho Científico de 19 de Outubro de 1990 foi atribuída ao candidato a regência da disciplina de Direito Comercial, no Mestrado em Ciências Jurídico-Empresariais, bem como, na Licenciatura, a regência da Teoria Geral do Direito Civil (2.ª Turma). Esta última era de algum modo já esperada, tendo em conta as ligações do candidato à Teoria Geral; mas o mesmo não pode dizer-se relativamente à primeira, que constituiu para si uma surpresa.

Foi por iniciativa do Doutor Vasco Xavier, até então encarregado da regência da cadeira, que a Faculdade cometeu ao candidato o encargo de reger o Direito Comercial no Mestrado. Invocando razões de saúde, aquele saudoso Mestre manifestou o desejo de manter apenas o Direito Comercial do 4.° ano, acrescentando que achava sermos nós "a pessoa indicada para o substituir no mestrado em Direito Comercial". Perante a nossa surpresa — apesar do honroso encargo e da manifestação de confiança que isso representava —, o Doutor Vasco Xavier acrescentou que o candidato "não estava longe da área do Direito Comercial, visto ter publicações nesse domínio, tendo nomeadamente sido encarregado da preparação do diploma respeitante ao Contrato de Agência", sendo este e outros contratos comerciais[6], designadamente os de distribuição comercial, um bom tema de Mestrado, que ele próprio sempre tivera em mente poder um dia vir a tratar[7].

---

[6] Aliás, "*o direito de alguns contratos comerciais*" figurava já entre os temas jurídico-mercantis que o Autor reconhecia poder tratar-se logo no (então) Curso Complementar (5.° ano), apesar de ter sido outra a sua opção pessoal: cfr. VASCO XAVIER, *Relatório sobre o Programa, os Conteúdos e os Métodos do ensino de uma Disciplina de Direito Comercial*, in BFD, vol. LXII, Coimbra, 1986 (pp. 437,ss), pp. 441-442.

[7] Cfr. as Actas das Sessões do Conselho Científico da Faculdade de Direito, ano lectivo de 1990-91, Sessão de 19 de Outubro de 1990, de onde extraímos as frases citadas entre aspas. Acrescente-se, entretanto, que os temas que o Doutor Vasco Xavier tratou no Mestrado, no período em que a regência da cadeira de

Contratos de Distribuição Comercial – Relatório 21

Pois bem. Seguimos o conselho do Doutor Vasco Xavier: indicámos como tema da disciplina de Direito Comercial os "contratos de distribuição comercial".

É claro que nada obriga a que seja sempre este o tema a tratar no Mestrado. Pelo contrário, será até vantajoso e enriquecedor que os temas vão variando. Pois ninguém duvida que outros temas — de igual dignidade científica e interesse prático — poderão ser objecto da disciplina de Direito Comercial. Mas por certo que também não se porá em causa o acerto da escolha do candidato quanto ao tema por que se decidiu; os contratos de distribuição comercial são com certeza um tema *possível* de analisar no Mestrado em Ciências Jurídico-Empresariais.

E foi o tema por que optámos para este Relatório. Ele corresponde, efectivamente, ao tema da disciplina no Mestrado em curso. E tem por si — além das motivações de cunho pessoal que historicamente estão na sua génese, acabadas de relatar — razões importantes, em função da actualidade, do relevo prático e do interesse juscientífico dos contratos de distribuição comercial.

8. Sequência

Uma palavra, ainda, sobre a linha de exposição a seguir.

Já foi dito que um Relatório não deve antecipar hipotéticas Lições, mas, em todo o caso, parece razoável e enriquecedor que dedique algum espaço a grandes temas da matéria a tratar — no caso vertente, a grandes temas dos contratos de distribuição comercial — e ao aprofundamento de determinados aspectos dogmáticos da disciplina[8].

Esta postura, que achamos correcta em geral, parece-nos especialmente adequada a um Curso de Mestrado. Cremos ser metodo-

---

Direito Comercial esteve a seu cargo, eram temas do direito das sociedades: "deliberações sociais", "sociedades atípicas" e "sociedades anónimas".

[8] Assim, MENEZES CORDEIRO, *Direito Bancário. Relatório*, cit., pp. 14 e 15.

logicamente indicado[9] — e a nossa própria experiência vai nesse sentido — seleccionar certos aspectos, que privilegiamos na exposição da matéria.

Naturalmente que tais aspectos serão escolhidos em função da importância que revestem ou do significado que assumem, dos problemas que suscitam e do interesse em torná-los objecto de análise nos trabalhos de investigação dos alunos. De todo o modo, procuraremos enquadrar tais aspectos dentro de uma linha lógica de exposição da matéria, situando-os no seu contexto próprio e segundo uma perspectiva harmónica.

Parte-se do princípio de que os alunos terão já uma ideia dos problemas a equacionar. Em todo o caso, até porque o Curso de Mestrado é frequentado por estudantes que provêm de várias Universidades, com programas de estudo diferentes, haverá a preocupação de fornecer explicações prévias sobre a função destes contratos, suas modalidades e linha de evolução. E permanece sempre o enunciado do programa e dos conteúdos da disciplina, o que facilitará a compreensão de cada elo da cadeia pela visão de conjunto do sistema.

A este respeito, após os desenvolvimentos que merecem esses temas, escolhidos de acordo com o critério apontado, segue-se a indicação pormenorizada dos respectivos *conteúdos*. Terminaremos com uma breve referência aos *métodos de ensino*[10].

---

[9] Sobre os métodos de ensino, cfr., *infra*, a Parte III deste Relatório.

[10] Vem sendo esta a tradição dos Relatórios, seja das provas de agregação, seja do concurso para Professor Associado. Ver, por ex., em Coimbra, ORLANDO DE CARVALHO, *Teoria Geral do Direito Civil. Relatório sobre o Programa, Conteúdos e Métodos de Ensino*, Coimbra, 1976; C. MOTA PINTO, *Teoria Geral do Direito Civil – Relatório sobre o Programa, os Conteúdos e Métodos de Ensino*, Coimbra, 1976; VASCO XAVIER, *Relatório sobre o Programa, Conteúdos e os Métodos do Ensino de uma Disciplina de Direito Comercial*, cit., 1986; em Lisboa, por todos, MENEZES CORDEIRO, *Direito Bancário. Relatório*, cit., 1997 (e já antes, o seu *Teoria Geral do Direito Civil. Relatório*, cit., Lisboa, 1988).

Os temas que privilegiamos na exposição da matéria vêm a seguir. Começamos por fazer o ponto da situação no direito português e por analisar a função dos contratos de distribuição comercial e as circunstâncias históricas que explicam o seu aparecimento. Interrogar-nos-emos sobre a possibilidade de os enquadrar numa categoria própria e indicaremos as modalidades mais frequentes. Neste contexto, faremos uma referência particular aos contratos de agência, de concessão comercial e de franquia, e especialmente ao primeiro, por ser o único cujo regime está fixado por lei e se encontra vocacionado para se aplicar, por analogia, aos demais contratos de distribuição comercial. Terminaremos com uma análise da cessação do contrato e da indemnização de clientela, que podemos considerar tema comum a todos eles.

PARTE I

PROGRAMA

CAPÍTULO I

OS CONTRATOS DE DISTRIBUIÇÃO COMERCIAL
NO DIREITO PORTUGUÊS

9. Na lei

É corrente incluir os contratos de *agência*, de *concessão* e de *franquia* entre os contratos de *distribuição comercial*[11]. Mas também a *mediação* e, principalmente, a *comissão* aparecem enquadradas nesta categoria contratual, constituindo, mesmo, as suas modalidades *tradicionais*.

O contrato de comissão é acolhido pelo velho Código Comercial, no art. 266.º, salientando a doutrina tratar-se de um mandato sem

---

[11] Não é opinião pacífica, contudo, havendo quem prefira excluir desta categoria os primeiros, que seriam mais propriamente contratos de promoção de negócios. Nós mesmos já nos inclinámos neste sentido (cfr. o nosso *Contratos de agência, de concessão e de franquia [“Franchising]*, separata dos “Estudos em Homenagem ao Prof. Doutor Eduardo Correia”, III, Coimbra, 1984, p. 8 (n.º 2)), embora nos pareça, hoje (melhor, já em 1993 defendemos esta posição: cfr. ANTÓNIO PINTO MONTEIRO, *Agência e distribuição comercial*, separata da Revista “Dereito”, vol. III, n.º 1, Santiago de Compostela, 1994, pp. 47, ss, n.º 4), que todos eles (apesar de também o “franchising” suscitar, por vezes, dúvidas) podem considerar-se, em sentido amplo, como contratos de distribuição comercial, pese embora o *fim*, de que *compartilham*, se mostre susceptível de ser prosseguido por *meios diferentes*, mas comungando de um conjunto essencial de notas *comuns* que permitem enquadrá-los numa mesma categoria. Voltaremos a este ponto, *infra*, n.º 19; mas ver desde já, por todos, CANARIS, *Handelsrecht*, 23.ª ed., München, 2000, pp. 318 e 382-383.

representação, em confronto com o mandato comercial, regulado no art. 231.° do mesmo diploma[12]. O contrato de mediação mantém-se como contrato legalmente atípico, pese embora as intervenções legislativas recentes sobre a actividade de mediação imobiliária[13].

Mas são a *agência*, a *concessão* e a *franquia* as modalidades mais importantes dos contratos de distribuição. Talvez melhor: é com base nestes esquemas contratuais e a partir deles que se constrói a *categoria* dos contratos de distribuição comercial.

São contratos recentes e plenos de actualidade. A agência é o único que goza de *tipicidade legal*, graças ao Decreto-Lei n.° 178/86, de 3 de Julho. Entretanto, também a Comunidade Europeia interveio, através da Directiva 86/653/CEE, do Conselho, de 18 de Dezembro de 1986, relativa à coordenação do direito dos Estados-membros sobre os agentes comerciais. E a necessidade de transpor integralmente a Directiva fez com que aquele diploma legal viesse a ser modificado, o que sucedeu através do Decreto-Lei n.° 118/93, de 13 de Abril.

Quanto à concessão e à franquia, mantêm-se como contratos *legalmente atípicos*, situação generalizada no direito comparado[14].

---

[12] Ver, por ex., FERRER CORREIA, *Lições de Direito Comercial*, vol. I (com a colaboração de M. Henrique Mesquita e António A. Caeiro), ed. policop., Coimbra, 1973, p. 145 (bem como, actualmente, a ed. impressa destas *Lições*, Lex, 1994, p. 85). Por último, cfr. o Acórdão do STJ de 9 de Novembro de 1999, in RLJ ano 133.°, pp. 124,ss, com uma *Anotação* nossa intitulada *Contrato de agência com um transitário, ilicitude da resolução e indemnização de clientela*, pp. 140,ss.

[13] Referimo-nos ao Decreto-Lei n.° 77/99, de 16 de Março, que revogou e substituiu o Decreto-Lei n.° 285/92, de 19 de Dezembro, tendo os Acórdãos do STJ de 17 de Janeiro de 1995 e da Relação de Coimbra de 7 de Outubro de 1997, já em face daquele diploma legal, considerado o contrato de mediação imobiliária como contrato típico (CJ-Acs. STJ, ano III, tomo I, pp. 25,ss, esp. 28, e BMJ n.° 470, pp. 692-693). Quanto à actividade de mediação de seguros, menciona-se o Decreto-Lei n.° 388/91, de 10 de Outubro, e no tocante à constituição e funcionamento das sociedades corretoras e das sociedades financeiras de corretagem, o Decreto-Lei n.° 229-I/88, de7 de Abril, alterado pelo Decreto-Lei n.° 417/91, de 26 de Outubro.

[14] Exceptua-se, relativamente à concessão, a Bélgica (lei de 27 de Julho de 1961, alterada por lei de 13 de Abril de 1971), o Brasil (lei n.° 6729, de 28 de

Contratos de Distribuição Comercial – Relatório 29

O que levanta o delicado e importante problema de saber que regime jurídico será de lhes aplicar. Temos entendido que o regime da agência se encontra *vocacionado*, à partida, para se aplicar, por analogia, a tais contratos, no que vimos sendo acompanhados pela jurisprudência e se tornou hoje doutrina dominante[15].

10. Na jurisprudência

Até à publicação, em 3 de Julho de 1986, do Decreto-Lei n.º 178/86, não existia, na ordem jurídica portuguesa, um conjunto de normas que definisse o regime de qualquer destes contratos.

A jurisprudência recorria às disposições do *mandato comercial* (arts. 231.º e ss. do Código Comercial), que aplicava por analogia; e não distinguia propriamente a agência de outras *modalidades* de contratos de distribuição, antes os confundia ou identificava[16].

Novembro de 1979) e Macau (Código Comercial, arts. 657.º-678.º); em relação ao "franchising", e exceptuando Macau (Código Comercial, arts. 679.º-707.º), continua este contrato a não dispor de um regime jurídico próprio, sem prejuízo de, por vezes, se deparar com legislação que lhe é aplicável, e até especialmente pensada para ele, apesar de ter um âmbito mais amplo: é o que sucede em França com a chamada *Lei Doubin*, de 31 de Dezembro de 1989, que consagrou especiais deveres de informação. Não tomamos aqui em consideração as disposições normativas relevantes em sede de defesa da concorrência, mormente no plano comunitário (a este respeito, cfr. *infra* n.º 16).

[15] Trata-se de uma questão a analisar no lugar próprio: *infra*, n.º 18.

[16] O que é especialmente nítido no Acórdão do STJ de 7 de Março de 1969 (BMJ n.º 185, pp. 296,ss, e RLJ ano 103.º, pp. 217,ss). De mencionar, ainda, no tocante à jurisprudência anterior ao Decreto-Lei n.º 178/86, os Acórdãos do STJ de 11 de Julho de 1985, de 17 de Abril de 1986 (BMJ n.ºs 349 e 356, pp. 460 e 342, respectivamente) e de 8 de Julho de 1986 (posterior à publicação do diploma legal da agência mas anterior à sua entrada em vigor), o Acórdão da Relação de Lisboa de 20 de Março de 1974 (BMJ n.º 235, p. 338) e a Sentença do Corregedor da 5.ª Vara Cível de Lisboa de 18 de Março de 1976 (CJ ano III, 1978, tomo I, p. 319). Os contornos da agência foram sendo definidos e apurados, a sua delimitação perante outras figuras tradicionais (como os contratos de comissão e de

30   *Contratos de Distribuição Comercial – Relatório*

Só mais tarde se viria a distinguir a agência das outras modalidades de contratos de distribuição, da concessão e da franquia, mais precisamente[17].

11. Na doutrina

Quanto à doutrina, numa primeira fase, anterior ao Decreto-Lei n.º 178/86, são poucos os trabalhos produzidos sobre os contratos de distribuição. Registam-se, ainda assim, as esclarecedoras *Anotações* de VAZ SERRA sobre o contrato de agência, publicadas na Revista de Legislação e de Jurisprudência[18], o artigo de GOMES DA SILVA[19], os estudos

---

trabalho) evoluiu e as soluções encontradas foram amadurecendo. Quando o legislador interveio, em 1986, o trabalho estava facilitado.

Um aspecto que de modo especial suscitou a intervenção dos tribunais foi o da distinção entre os contratos de agência e de trabalho: ver, por ex., os Acórdãos do STJ de 15 de Outubro de 1980 (BMJ n.º 300, pp. 244,ss) e de 26 de Maio de 1970 (RLJ ano 104.º, pp. 153,ss), bem como o Acórdão do STA de 27 de Janeiro de 1976 (in *Acórdãos Doutrinais do S.T.A.*, ano XV, tomo I, p. 442).

[17] A juventude do contrato de franquia explicará a falta de jurisprudência com que se depara. Mas o mesmo já não vale relativamente ao contrato da concessão, o qual vem sendo objecto de uma jurisprudência significativa: cfr., por ex., os Acórdãos do STJ de 3 de Maio de 2000, de 23 de Abril de 1998, de 22 de Novembro de 1995 (CJ-Acs. STJ ano VIII, tomo II, pp. 45,ss, ano VI, tomo II, pp. 57,ss, e ano III, tomo III, pp. 115,ss), de 27 de Outubro de 1994 ("Novos Estilos/sub judice" 10, pp. 194,ss) e de 4 de Maio de 1993 (CJ-Acs. STJ, ano I, tomo II, pp. 78,ss); da Relação do Porto de 25 de Junho de 1998, de 13 de Março de 1997 (CJ, ano XXIII, tomo III, pp. 213,ss, e ano XXII, tomo II, pp. 196, ss.), de 27 de Junho de 1995 (CJ, ano XX, tomo III, pp. 243,ss, bem como na RLJ ano 130.º, pp. 22,ss) e de 18 de Outubro de 1994 (CJ, ano XIX, tomo IV, pp. 212,ss); e da Relação de Coimbra de 26 de Novembro de 1996 (CJ ano XXI, tomo V, pp. 31,ss).

[18] VAZ SERRA, *Anotação* ao Acórdão do STJ de 7 de Março de 1969 (in RLJ ano 103.º, pp. 222,ss) e *Anotação* ao Acórdão do STJ de 26 de Maio de 1970 (in RLJ ano 104.º, pp. 155,ss).

[19] GOMES DA SILVA, *O «representante comercial» e sua remuneração*, in "SI", ano 2 (1952-53), pp. 348,ss.

de MANUEL SALVADOR[20], os importantes desenvolvimentos de PESSOA JORGE[21], as breves referências de VASCO XAVIER[22] e JOSÉ ANTÓNIO MARTINEZ[23], e, já nos anos 80, o trabalho de JANUÁRIO GOMES[24].

Em 3 de Julho de 1986 foi publicado o Decreto-Lei n.° 178/86, em conformidade com o articulado que tínhamos proposto no respectivo *Anteprojecto*, o qual foi divulgado através do "Boletim do Ministério da Justiça"[25].

De então para cá têm sido vários os trabalhos relativos ao contrato de agência, seja através de anotações ao texto legal, seja através de monografias, artigos ou dissertações, sem excluir, como é natural, as obras gerais (designadamente sobre o Direito Comercial) que passaram a conter referências, mais ou menos alargadas, ao contrato de agência.

No primeiro caso, além do nosso próprio trabalho[26], conta-se a *Anotação* de LACERDA BARATA[27], autor que igualmente escreveu uma

---

[20] Referimo-nos principalmente à monografia sobre o *Contrato de Mediação*, Lisboa, 1964, a que se seguiram outros estudos sobre o tema, entre os quais um relativo ao contrato de agência: *Contrato de agência. A boa fé no mandato aparente e na interpretação. Repúdio do critério de uma justiça particular para o caso a decidir,* in "Justiça Portuguesa", ano 34, 1967, pp. 16,ss.

[21] PESSOA JORGE, *O mandato sem representação*, Lisboa, 1961, pp. 64,ss e 231,ss.

[22] VASCO XAVIER, *Direito Comercial*, ed. policop., Coimbra, 1977-78, pp. 66-67 e nota 1.

[23] JOSÉ ANTÓNIO MARTINEZ, *Intermediários Comerciais — Contrato de Agência*, in "Indústria Portuguesa", 1971, p. 1033.

[24] M. JANUÁRIO GOMES, *Da qualidade de comerciante do agente comercial*, in BMJ n.° 313 (1982), pp. 17, ss.

[25] ANTÓNIO PINTO MONTEIRO, *Contrato de Agência (Anteprojecto)*, no BMJ n.° 360, pp. 43,ss (precedido, na p. 39, do Despacho n.° 163/85, de 20 de Novembro, do Ministro da Justiça, a encarregar-nos da tarefa da "elaboração de um anteprojecto de articulado — com uma exposição de motivos e com o preâmbulo do próprio diploma").

[26] ANTÓNIO PINTO MONTEIRO, *Contrato de agência. Anotação ao Decreto-Lei n.° 178/86, de 3 de Julho,* Coimbra, 1.ª ed., 1987, 2.ª ed., 1993, 3.ª ed., 1998 e 4.ª ed., 2000.

[27] *Anotações ao novo regime do contrato de agência*, Lisboa, 1994.

pequena monografia sobre o tema, correspondente ao Relatório de Mestrado no Seminário de Direito Comercial, sob a orientação do Professor GALVÃO TELLES[28].

Quanto a artigos de revista, vários têm sido publicados, umas vezes contemplando o contrato de agência no seu todo, como sucede com os trabalhos de MARIA HELENA BRITO[29], de JANUÁRIO GOMES[30], e de nós próprios[31], outras vezes incidindo sobre aspectos particulares, com destaque para os estudos de BAPTISTA MACHADO[32] e PAULO MOTA PINTO[33], a que é de acrescentar o texto de NUNO RUIZ[34] e o nosso escrito[35].

Referência especial merecem as dissertações que versam sobre o contrato de agência, ainda que privilegiando determinado aspecto ou problema, como a indemnização de clientela: é o caso das dissertações de Mestrado de CAROLINA CUNHA[36] e de MÓNICA DUQUE[37].

---

[28] CARLOS LACERDA BARATA, *Sobre o contrato de agência*, Coimbra, 1991.

[29] *O contrato de agência*, in "Novas perspectivas do Direito Comercial", Coimbra, 1988, pp. 105,ss

[30] *Apontamentos sobre o contrato de agência*, in "Tribuna da Justiça", 3 (1990), pp. 9, ss.

[31] ANTÓNIO PINTO MONTEIRO, *Contrato de agência*, in "Direito das Empresas", cord. DIOGO LEITE DE CAMPOS, Lisboa, 1990, pp. 87,ss; Idem, *Il contratto di agenzia rivisitato. La direttiva CEE/86/653*, in "Rassegna di diritto civile", 1996, n.° 4, p. 877,ss, e in "Diritto Privato Comunitario", vol. I, Napoli, 1997, pp. 244, ss.

[32] BAPTISTA MACHADO, *"Denúncia-modificação" de um contrato de agência*, Anotação ao Acórdão do STJ de 17 de Abril de 1986, in RLJ ano 120.°, pp. 183,ss.

[33] *Aparência de poderes de representação e tutela de terceiros. Reflexão a propósito do artigo 23.° do Decreto-Lei n.° 178/86, de 3 de Julho*, in BFD, 1993, pp. 587,ss.

[34] *Contrato Internacional de agência*, I.C.E.P., 1987.

[35] ANTÓNIO PINTO MONTEIRO, *Sobre a protecção do agente comercial no direito português e europeu*, BFD 1995, pp. 97,ss.

[36] *A indemnização de clientela do agente comercial*, dact., Coimbra, 1998.

[37] *Da indemnização de clientela no contrato de agência*, dact., Coimbra, 1997.

Por último, nas obras gerais de Direito Comercial, destacam-se, em Lisboa, os importantes e recentes desenvolvimentos de MENEZES CORDEIRO[38], a exposição de OLIVEIRA ASCENSÃO relativa ao contrato de agência[39], e, em Coimbra, a breve alusão de COUTINHO DE ABREU[40].

Há, depois, os trabalhos que incidem sobre os contratos de distribuição, no seu conjunto[41], e os que versam fundamentalmente sobre a concessão ou o "franchising", ou sobre determinado aspecto de um ou de outro destes contratos.

E são muitas as obras a destacar, desde as dissertações de Mestrado de MARIA HELENA BRITO[42], MIGUEL GORJÃO-HENRIQUES[43] e MARIA DE FÁTIMA RIBEIRO[44], aos estudos de MENEZES CORDEIRO[45], CARLOS OLAVO[46], JOSÉ ANDRADE MESQUITA[47], MANUEL PEREIRA BAR-

---

[38] *Manual de Direito Comercial*, Coimbra, 2001, pp. 495,ss, § 47. Uma palavra de público agradecimento é aqui devida ao Autor, que teve a gentileza de nos facultar a consulta da obra ainda antes da sua impressão final.

[39] *Direito Comercial*, vol. I, *Parte Geral*, Lisboa, 1986/87, pp. 246, ss.

[40] *Curso de Direito Comercial*, vol. I, 2.ª ed., Coimbra, 2000, p. 61. Menos breve é a referência ao contrato de franquia, in *Da empresarialidade (as empresas no direito)*, Coimbra, 1994, pp. 62-67, a propósito da questão de saber se "os franquiados são donos dos estabelecimentos por eles explorados".

[41] Ver, p. ex., os nossos *Contratos de agência, de concessão e de franquia ("franchising")*, cit., pp. 303,ss, e *Agência e distribuição comercial*, cit., n.º 1, pp. 43,ss.

[42] *O contrato de concessão comercial*, Coimbra, 1990.

[43] *Da restrição da concorrência na Comunidade Europeia: a franquia de distribuição*, Coimbra, 1998.

[44] *O contrato de franquia ("franchising)*, dact., Coimbra, 1996.

[45] *Do contrato de franquia ("franchising"): autonomia privada versus tipicidade negocial*, ROA, ano 48, Lisboa, 1988, pp. 63,ss, bem como, recentemente, *Do contrato de concessão comercial*, ROA, ano 60, Lisboa, 2000, pp. 597,s, além do *Manual* do Autor de *Direito Comercial*, já cit., pp. 509,ss, § 48 (concessão) e 515,ss, § 49 (franquia).

[46] *O contrato de "franchising"*, in "Novas Perspectivas do Direito Comercial", Coimbra, 1988, pp. 159,ss.

[47] *Notas acerca do contrato de franchising*, in "Boletim do Conselho Nacional do Plano", n.º 14, 1988, pp. 199,ss.

ROCAS[48], JANUÁRIO GOMES[49], COELHO VIEIRA[50], NUNO RUIZ[51], ISABEL ALEXANDRE[52], BARATA SIMÕES[53], ANA PAULA RIBEIRO[54], ALEXANDRE DIAS PEREIRA[55], BESSA MONTEIRO[56] e MIGUEL PESTANA DE VASCONCELOS[57], para além do nosso próprio escrito, do trabalho de SEBASTIÃO NÓBREGA PIZARRO/MARGARIDA MENDES CALIXTO[58] e das referências incluídas em obras gerais, como o recente *Manual de* MENEZES CORDEIRO, já referido, e as *Lições* de OLIVEIRA ASCENSÃO[59].

Trata-se de um valioso conjunto de elementos e que transmitem já, no essencial, conhecimento e domínio dos *problemas* e um relativo amadurecimento das *soluções*.

---

[48] *O contrato de franchising*, in ROA, ano 49, Lisboa, 1988, pp. 127,ss.

[49] *Contrato de franquia (franchising)*, in "Revista do Comércio", n.º 4, 1990, pp. 26,ss.

[50] *O contrato de concessão comercial*, Lisboa, 1991.

[51] *O "franchising": introdução à franquia internacional*, ICEP, Lisboa, 1988.

[52] *O contrato de franquia (franchising)*, in Dir., ano 123, 1991, pp. 319,ss.

[53] *Franchising. Franquia, inovação e crescimento*, Lisboa, 1991.

[54] *O contrato de franquia (franchising) – No direito interno e no direito internacional*, Lisboa, 1994.

[55] *Da franquia de empresa ("franchising")*, BFD 1997, pp. 251,ss.

[56] *Franchising*, RPI, n.º 17, pp. 7,ss.

[57] *O contrato de franquia (franchising)*, Coimbra, 2000.

[58] Cfr., respectivamente, ANTÓNIO PINTO MONTEIRO, *Denúncia de um contrato de concessão comercial*, Coimbra, 1998 = *Anotação* ao Acórdão da Relação do Porto de 27 de Junho de 1995, RLJ ano 130.º, pp. 31,ss, e SEBASTIÃO NÓBREGA PIZARRO/M. MENDES CALIXTO, *Contratos financeiros*, 2.ª ed., Coimbra, 1995, onde incluem a *agência* e o *franchising*.

[59] Cfr. MENEZES CORDEIRO, *Manual de Direito Comercial*, cit., §§ 48 e 49, e OLIVEIRA ASCENSÃO, *Direito Comercial*, vol. II, *Direito Industrial*, Lisboa, 1988, pp. 303, ss, sobre a franquia.

CAPÍTULO II

PRELIMINARES
FUNÇÃO E CARACTERÍSTICAS GERAIS
DOS CONTRATOS DE DISTRIBUIÇÃO

12. Âmbito

Ao falarmos de contratos de distribuição temos em vista os contratos que disciplinam as relações entre o produtor (ou o importador) e o distribuidor, e não os contratos com os consumidores. Num sentido muito amplo e impróprio, porém, dir-se-ia que também estes são contratos de distribuição, pois é através deles — designadamente pela compra e venda — que os bens se transmitem, se "distribuem", *hoc sensu*. Mas nesta perspectiva teríamos, então, de incluir também o transporte, o depósito, a locação, o mútuo, etc, pois todos eles são contratos utilizados na distribuição. Não é este o sentido em que se fala dos *contratos de distribuição*: interessa, para o efeito, não o *acto final* da transmissão do bem ao consumidor, antes a actividade desenvolvida a montante, de *intermediação*, instrumental e preparatória daquela transmissão; numa palavra, não são as relações *com o consumidor*, antes as relações *com o produtor* que pertencem ao direito da distribuição[60].

---

[60] A este propósito, MARTINEK considera o direito da distribuição como "direito da intermediação distributiva" ou dos intermediários da distribuição: *"Vertriebsrecht als Absatzmittlungsrecht"*. Cfr. MARTINEK, in MARTINEK/SEMLER, *Handbuch des Vertriebsrechts*, München, 1996, p. 3; v. também, por. ex., J. BEAUCHARD, *Droit de la distribution et de la consommation*, Paris, 1996, pp. 21-22 e 129.

Em regra, estes contratos têm como sujeitos o produtor, de um lado, e o distribuidor, do outro[61]. E visam escoar produtos, conquistar mercado, angariar clientela. O que acaba de dizer-se vale também para os serviços.

13. Distribuição e comércio

I — É sabido que não basta produzir — é indispensável vender! Ao comércio sempre coube, em geral, esta tarefa. E ele remonta a tempos bem antigos, confundindo-se com a própria história da civilização. Mas quando hoje se fala de *distribuição*, em vez de *comércio*, pretende relevar-se uma actividade desempenhada por sujeitos que se *especializaram* em distribuir os bens, em fazê-los chegar ao consumidor[62].

---

[61] Contraparte do distribuidor (agente, concessionário, franquiado, designadamente) tanto pode ser o produtor (como por facilidade de exposição dizemos em texto, e que corresponderá ao caso típico) como o importador ou o grossista, entre outros (MARTINEK, *op. cit.,* p. 4). Por isso a lei, quando existe, limita-se a disciplinar as relações entre o distribuidor e o produtor — não as relações daquele com os consumidores. Haja em vista, por exemplo, as leis sobre o contrato de agência (e a própria Directiva 86/653/CEE, de 18 de Dezembro), que disciplinam a relação interna, entre o principal e o agente, não as relações com os clientes. E o mesmo sucede nos diplomas que estabelecem a regulamentação legal do contrato de concessão (assim na Bélgica e em Macau). O que acaba de dizer-se não obsta, todavia, a que possa haver disposições legais destinadas fundamentalmente à protecção de terceiros, isto é, dos clientes, que eles podem invocar, como sucede na lei portuguesa sobre o contrato de agência: arts. 21.º-23.º (cfr., *infra*, n.º 22.1-IV).

[62] É um ponto devidamente sublinhado por toda a doutrina: cfr., entre muitos, além das obras clássicas de SANTINI, *Il commercio. Saggio di economia del diritto*, Bologna, 1979, pp. 23,ss, 73,ss, 117,ss e *passim*, e de ULMER, *Der Vertragshändler. Tatsachen und Rechtsfragen kaufmännischer Geschäftsbesorgung beim Absatz von Markenwaren*, München, 1969, pp. 1,ss, 23,ss e 41,ss, também, por ex., ROBERTO BALDI, *Il diritto della distribuzione commerciale nell'Europa communitaria*, Padova, 1984, pp. 7,ss, PARDOLESI, *I contratti di distribuzione*, Napoli, 1979, pp. 5,ss e 92,ss, e MARIA HELENA BRITO, *O contrato de concessão comercial*, cit., pp. 1,ss.

Contratos de Distribuição Comercial – Relatório 37

A produção orientada para o auto-consumo ou canalizada através de um comércio incipiente, exercido, via de regra, pelo próprio fabricante, deu lugar, a partir da *revolução industrial*, a uma produção *excedentária*, em série ou em massa, e fez avultar a necessidade de escoamento dos bens.

Cada vez mais se tornou indispensável a intervenção de *especialistas*: estes não só se concentram na actividade da distribuição, desenvolvendo-a e aperfeiçoando-a, como libertam dessa preocupação o produtor, autonomizando-a. O distribuidor *interpôs-se* entre o fabricante e o consumidor, adquiriu visibilidade, importância e um estatuto próprio. Tornou-se fundamental.

II — Evidentemente que no seio da própria actividade de distribuição se registam mudanças, aperfeiçoamentos, *evolução*. As necessidades práticas e o engenho dos interessados foram *modelando* diferentes esquemas negociais: desde o velho contrato de *comissão* (ele próprio porventura já herdeiro da antiga *commenda*)[63], às formas mais modernas da *agência*, da *concessão* e do *"franchising"*, para já não falar de um sem-número de acordos variados, como os de *venda exclusiva*, de *distribuição selectiva* e de *distribuição autorizada*, alguns deles numa linha de fronteira muito ténue com o contrato de concessão.

Trataremos destas figuras no momento oportuno[64]. Mas adiantam-se desde já breves notas relativas à evolução destes contratos[65].

Decorre do que foi dito que a necessidade de uma *eficaz* distribuição dos produtos é fruto do *desenvolvimento económico* e acen-

---

[63] Ver PESSOA JORGE, *O mandato sem representação*, cit., pp. 64,s e 231,ss, e ROBERTO BALDI, *Il contratto di agencia. La concessione di vendita. Il franchising*, 6.ª ed., Milano, 1997, pp. 2 e 3.

[64] *Infra*, capítulo III.

[65] Pode ver-se a obra fundamental de ROBERTO BALDI, *Il contrato di agenzia. La concessione di vendita. Il franchising*, cit., pp. 1,ss, bem como ULMER, *Der Vertragshändler*, cit., pp. 23,ss; cfr. os nossos *Contratos de agência, de concessão e de franquia ("franchising")*, cit., pp. 5, ss da separata (n.º 2), e, já antes, *Contrato de agência (Anteprojecto)*, cit., pp. 9,ss, da separata (n.º 2).

tuou-se particularmente com a *revolução industrial* e a *expansão do comércio*.

Efectivamente, tornou-se claro que a procura de novos mercados, distantes dos centros de produção, através do recurso ao pessoal da empresa, seria uma estratégia inadequada e que comportava elevados custos e riscos.

Em vez de fazer deslocar os trabalhadores para locais distantes da sede, ou de manter aí filiais ou sucursais, com as inerentes despesas de organização que isso envolveria, e de resultados duvidosos, a empresa optou por servir-se de pessoas estabelecidas nessas zonas, aproveitando a respectiva organização, capacidade e — o que é muito importante — a sua credibilidade junto do público local. Evita, assim, *despesas fixas* — de organização, salários, etc —, ao mesmo tempo que vê facilitada a conquista de novos mercados, graças à utilização de intermediários *já instalados* nessa zona e *conhecedores* do público a que se dirigem.

Incrementam-se, deste modo, os *colaboradores* da empresa, seus "representantes" no plano económico, mas com autonomia jurídica, empenhados em prosseguir os interesses da empresa, que acabam por ser também os seus, até porque a sua retribuição dependerá (exclusivamente ou, pelo menos, em grande medida) do volume de negócios que vier a ser alcançado.

A primeira forma de concretizar esta *colaboração* — ou esta *representação económica* ("hoc sensu") — terá começado por realizar-se, numa fase mais recuada, como já dissemos, através do contrato de *comissão*. Mas depressa se avançou para outra forma de colaboração, mais ajustada aos interesses da empresa, e que o desenvolvimento económico veio possibilitar: referimo-nos ao *contrato de agência*, com o qual se deu um "*salto qualitativo*"[66].

---

[66] Assim, GIORGIO GHEZZI, *Del contratto di agenzia*, in "Commentario del Codice Civile a cura di A. Scialoja e G. Branca", arts. 1742-1753, Bologna, Roma, 1970, p. 13.

O contrato de comissão permitia à empresa que outrem (o comissário), com independência, contratando em nome próprio mas por conta do comitente, fosse vendendo os bens a terceiros, tornando-se garante da satisfação das obrigações assumidas pelos adquirentes, que o comitente não conhecia, a troco de comissões sobre os contratos realizados.

A evolução posterior, traduzida, nomeadamente, no desenvolvimento dos meios de comunicação, na facilidade de obter informações sobre os clientes e de os aproximar da empresa, aliada à implantação da civilização industrial, com a produção em série e a possibilidade de negociação com base em simples amostras dos bens, constituem, entre outros, factores que conduziram a uma progressiva diminuição da importância histórica da comissão e ao aparecimento e crescente afirmação do agente.

Tal como o comissário, o agente é independente e actua com autonomia, poupa à empresa custos de organização e é remunerado em função dos resultados obtidos. A empresa continua a beneficiar também da confiança que o público local deposita no agente. Só que, agora, diversamente do que sucedia com o comissário, é a empresa, via de regra, que celebra os contratos com os clientes, limitando-se o agente a promover a sua celebração e a angariar clientela.

O complexo e multifacetado desenvolvimento económico fez entretanto emergir outras formas de colaboração, *diferentes* da agência, mas *comungando* da mesma preocupação e *compartilhando* de um conjunto de notas *comuns*, ao serviço (pelo menos em grande medida) do *mesmo objectivo* último, que é a *distribuição* dos bens. Registam-se, fundamentalmente, a *concessão* e a *franquia*.

Na verdade, a separação entre a fase da produção e a da distribuição foi-se acentuando cada vez mais. A tarefa do agente consiste em promover os negócios da empresa; mas cabe a esta a decisão final de contratar com os clientes que o agente angaria, de concluir os contratos que o agente promove e negoceia. Ora o mesmo não se passa já na *concessão comercial*.

Aqui, o concessionário, apesar de ser também colaborador do concedente e de reunir um conjunto de notas comuns com o agente, surge, no entanto, como um comerciante independente que compra para revenda, negociando em seu nome e por conta própria[67].

A sua ligação à empresa concedente — através da qual se processa a *integração* na *rede* daquela — estabelece-se, designadamente, por meio das várias obrigações que assume, as quais permitem ao fabricante o (relativo) *controlo* da actividade distribuidora e, ao mesmo tempo, lhe *asseguram a venda* de uma certa quota de bens. Controlo que está ausente do vulgar e tradicional contrato de fornecimento.

Por último, avulta o *"franchising"*, com uma ingerência *mais acentuada* do fabricante na fase da distribuição, ao ponto de gerar nos consumidores a convicção de estarem a adquirir os bens directamente de si ou de uma sua filial.

Do mesmo modo que o concessionário, é o franquiado um distribuidor, independente do franquiador, mas que, no exercício da sua actividade de distribuição, actua com a *imagem empresarial* deste. Serve-se, para o efeito, dos sinais distintivos do franquiador, beneficia do "know how" que este lhe fornece e sujeita-se a um apertado controlo (em termos a analisar mais adiante)[68].

III — Evidentemente que a divulgação de um novo contrato não elimina necessariamente os anteriores; eles coexistem e são utilizados como esquemas diferentes, enquanto vias diversas para um mesmo fim: a distribuição dos produtos e serviços.

---

[67] É, por isso, na sugestiva terminologia alemã, um *Eigenhändler*, um comerciante por conta própria, que se relaciona com o concedente por via de um *contrato*, onde se estabelece a panóplia de direitos e deveres através dos quais se processa a sua *integração* na *rede* do concedente. Assim, todo o *Vertragshändler* (concessionário = "comerciante por contrato") é um *Eigenhändler*; mas nem todo o *Eigenhändler* é um *Vertragshändler*, pois só o comerciante independente que se liga — se *autolimita* — por contrato, nos termos referidos (ver também, *infra*, cap. III, secção II), será um concessionário. Ver CANARIS, *Handelsrecht*, 23.ª ed., 2000, cit., p. 362.

[68] Toda esta matéria será versada mais à frente, no cap. III. Tratou-se, por agora, de uma primeira aproximação, procurando situar estes contratos numa linha de evolução histórica e compreender a função que desempenham.

Por isso se continua a recorrer, ainda hoje, aos contratos de comissão[69], ao lado dos modernos contratos de agência, de concessão e de franquia. Mas predominam, na actualidade, estes últimos, por serem os que mais se ajustam às necessidades práticas contemporâneas e aos interesses e estratégia da indústria e do comércio.

14. Distribuição e consumo

I — Dissemos já que ao direito da distribuição pertencem as relações com o produtor; quanto às relações com o consumidor, elas fazem parte do direito do (consumo ou do) consumidor[70].

---

[69] Ver, a propósito, o Acórdão do STJ de 9 de Novembro de 1999 e a nossa *Anotação* intitulada *Contrato de agência com um transitário, ilicitude da resolução e indemnização de clientela*, RLJ ano 133.°, cit., pp. 124,ss e 140,ss, respectivamente.

[70] Preferimos chamar-lhe *direito do consumidor* (designação pacífica, aliás, no Brasil, onde existe o chamado Código de Defesa do Consumidor: Lei n.° 8.078, de 11 de Setembro de 1990 — por todos, ADA PELLEGRINI GRINOVER/ /ANTÔNIO HERMAN BENJAMIN/DANIEL ROBERTO FINK/JOSÉ G.B. FILOMENO/KAZUO WATANABE/NELSON NERY JUNIOR/ZELMO DENARI, *Código Brasileiro de Defesa do Consumidor*, Comentado pelos Autores do Anteprojecto, 5.ª ed., Rio de Janeiro, 1998), na linha das expressões em língua inglesa ("consumer law": v., por ex., DAVID EPSTEIN/STEVE NICKLES, *Consumer Law*, 2.ª ed., St. Paul, Minn., 1981) e alemã ("Verbraucherrecht" ou "Verbraucherschutzrecht": v., por ex., GÜNTER BORCHERT, *Verbraucherschutzrecht*, München, 1994), em detrimento da opção em língua francesa ("droit de la consommation": v., por ex., THIERRY BOURGOIGNIE, *Élements pour une théorie du droit de la consommation*, Bruxelles, 1988). E preferimos chamar-lhe direito do consumidor por abranger as relações dos profissionais com os consumidores e ser formado por um conjunto de princípios e regras destinadas precisamente à defesa do consumidor — é esta a sua finalidade e razão de ser, e não propriamente o consumo... que em si mesmo é uma simples actividade material de destruição do bem. Interessam ao direito do consumidor, como já dissemos, as relações deste com o produtor ou o distribuidor, melhor, as relações pelas quais adquira de um profissional bens, serviços ou direitos destinados a uso não profissional (cfr. o art. 2.° da Lei n.° 24/96, de 31 de Julho). A sua *ratio* é a defesa do consumidor. É também esta a perspectiva constitucional (v. arts. 52.°, 60.°, 81.°, al. h) e 99.°, al. e), da Constituição), legal (cfr. a já citada Lei

Mas o que acaba de dizer-se, relevando a separação entre estes dois sectores ou ramos do direito, não significa, contudo, que eles não tenham, de algum modo, uma *matriz comum*, ou, pelo menos, que não haja factores *comuns* a contribuir decisivamente para a afirmação de um e de outro[71]. E convergem na (chamada) *sociedade de consumo*[72].

---

de Defesa do Consumidor: Lei n.º 24/96) e institucional (desde logo, recorde-se que o organismo público competente é o Instituto do Consumidor). Pode ver-se o nosso *Introdução ao Direito do Consumidor*, Plano do Curso e tópicos, policop., Coimbra, 1999.

Observe-se, todavia, que a Directiva 1999/44/CE, do Parlamento Europeu e do Conselho, de 25 de Maio de 1999, relativa a certos aspectos da venda de bens de consumo e das garantias a ela relativas, consagra no seu art. 4.º um direito de regresso do vendedor final de bens de consumo perante o anterior elemento da "cadeia contratual" responsável pela falta de conformidade do bem adquirido pelo consumidor, o que constitui um reflexo do direito do consumidor nas relações entre profissionais. V., a propósito, PAULO MOTA PINTO, *Conformidade e garantias na venda de bens de consumo. A Directiva 1999/44/CE e o direito português*, in EDC, n.º 2, Coimbra, 2000, pp. 197,ss.

[71] É a perspectiva interessante de BEAUCHARD, *Droit de la distribution et de la consommation*, cit., pp. 22,ss, 39,ss e 235,ss, que reúne e analisa em conjunto os direitos da distribuição e do consumidor. Mas ver também FLOHR, in MARTINEK/SEMLER, *Handbuch des Vertriebsrechts*, cit., pp. 551,ss, onde trata das *Spezielle Vertriebsformen*, que incluem algumas das práticas comerciais que qualquer manual de direito do consumidor estuda, como as vendas por correspondência, o teleshopping, as vendas directas e as vendas "bola de neve" (por todos, cfr. JEAN CALAIS-AULOY/STEINMETZ, *Droit de la consommation*, 5.ª ed., Paris, 2000, pp. 81,ss). A ligação de tais práticas comerciais aos contratos de distribuição e, designadamente, ao "franchising", é também realçada por FRANCESCO BACCHINI, *Le nuove forme speciali di vendita ed il franchising*, Padova, 1999, pp. XI, ss, 179,ss e *passim*. Sobre a ligação entre a distribuição e o consumo — e a concorrência! — ver, aliás, de forma clara, o *Lamy Droit Économique — Concurrence, Distribution, Consommation*, 1993, bem como o *Mémento Pratique Francis Lefebvre* sobre *Distribution*, 1992-1993, que inclui *concurrence, accords de distribution, promotion commerciale, protection des consommateurs*.

[72] Recorde-se JEAN BAUDRILLARD, *A sociedade de consumo*, trad. port., Lisboa, 1991. É oportuno lembrar que a crítica à "sociedade de consumo" confundia-se, num primeiro momento, com a própria crítica à "sociedade capitalista", tendo em grande medida comungado de certas ideias-força da teoria marxista, como a "alienação" dos trabalhadores/consumidores, e tendo o movimento "consume-

Contratos de Distribuição Comercial – Relatório

II — É sabido que a sociedade de consumo descende da *revolução industrial* e das profundas transformações ocorridas, onde sobressaem os consideráveis *avanços técnicos* que trouxe e o *fabrico em série* e *mecanizado* que introduziu, com a consequente *redução de custos* de produção e o *aumento do nível de vida* das pessoas.

Seguiu-se, já no século XX, a *revolução comercial*, com a modernização e o considerável desenvolvimento do comércio, mercê, designadamente, da conjugação dos seguintes factores: *novos métodos de venda*, recurso à *publicidade*, ao *crédito* e a *intermediários*[73].

Tudo isto conduziu à *sociedade de consumo*, sociedade de *abundância*, que se debate com o *excesso* da oferta e tenta por todos os meios *"seduzir"* os consumidores, em ordem a *escoar* os bens que produz. O *comércio* passa a assumir um papel *fundamental*, ultrapassando decididamente a função secundária a que tinha sido remetido perante a indústria. Cada vez mais se tornam indispensáveis os distribuidores, desenvolvem-se novas formas de *distribuição*, criam-se novos *métodos de venda*, utilizam-se novas *práticas comerciais*.

O sector da distribuição cresce, especializa-se e ganha poder, quase eliminando o pequeno comércio, dito tradicional. Desenvolvem-se os supermercados, aparecem os hipermercados, as grandes superfícies e os centros comerciais. Ao "circuito longo" (produtor, grossista e retalhista) contrapõe-se o "circuito curto" da distribuição,

---

rista" actuado em termos de luta, de contestação e de mobilização, de modo muito semelhante àquele por que se exprime o movimento sindical. Mas hoje a crítica à "sociedade de consumo" é feita mais de uma perspectiva moral ou de (ausência de) valores, denunciando-se o materialismo, o excesso de individualismo e o hedonismo, em contraste com o vazio de ideais e a menor preocupação com a dimensão espiritual. Sobre o ponto, cfr. BEAUCHARD, *op. cit.*, pp. 33,ss e GUIDO ALPA, *Tutela del consumatore e controlli sull'impresa*, Bologna, 1977, pp. 12,ss, 18,ss e *passim*.

[73] Cfr. BEAUCHARD, *op. cit.*, pp. 22,ss, e o nosso trabalho *Do Direito do Consumo ao Código do Consumidor*, in EDC, n.° 1, Coimbra, 1999 (pp. 201,s), pp. 207,ss. Entretanto, num outro plano, sobre a importância da sociedade anónima e, em concreto, do seu modelo de funcionamento, para o êxito económico da Revolução Industrial, v. a dissertação de Mestrado de PEDRO MAIA, *Função e Funcionamento do Conselho de Administração da Sociedade Anónima*, dact., Coimbra, 1994, Parte I, caps. II e III.

que suprime o grossista, e vem a culminar no comércio *integrado*. Ao agente e ao concessionário sucede-se o franquiado e toda a gama de distribuidores aparentados.

Em suma, *com a mesma finalidade* — escoar bens, conquistar mercado, angariar clientes, atrair consumidores —, desenvolvem-se técnicas diversas: umas, centradas *no intermediário*, aperfeiçoam o circuito da *distribuição* e levam-nos, designadamente, aos (novos) *contratos de distribuição*; outras, viradas imediatamente para o *consumidor*, facilitam a utilização de bens e serviços, impulsionam o consumo e deixam claramente transparecer a necessidade de *defesa do consumidor.*

III — Neste contexto e a este propósito, ainda que só num breve registo de memória, devem mencionar-se os *contratos de adesão*, designadamente os que são celebrados através de *cláusulas contratuais gerais*[74]. Pode dizer-se que à produção e distribuição em série correspondem, no plano negocial, estes contratos em série ("standard contracts").

---

[74] Recorde-se C. MOTA PINTO, *Contratos de adesão. Uma manifestação jurídica da moderna vida económica*, in RDES, Coimbra, 1973. Mais recentemente, ver, na doutrina portuguesa, especialmente: ALMEIDA COSTA/MENEZES CORDEIRO, *Cláusulas contratuais gerais. Anotação ao Decreto-Lei n.° 446/85, de 25 de Outubro*, Almedina, Coimbra, 1986, M. J.ALMEIDA COSTA, *Síntese do regime jurídico vigente das cláusulas contratuais gerais*, 2.ª ed., Lisboa, 1999, OLIVEIRA ASCENSÃO, *Cláusulas contratuais gerais, cláusulas abusivas e boa fé*, in ROA, ano 60, 2000, pp. 573,ss, SOUSA RIBEIRO, *Cláusulas contratuais gerais e o paradigma do contrato*, Coimbra, 1990, *Idem, O problema do contrato. As cláusulas contratuais gerais e o princípio da liberdade contratual*, Coimbra, 1999, INOCÊNCIO GALVÃO TELLES, *Das condições gerais dos contratos e da Directiva europeia sobre as cláusulas abusivas*, in "O Direito", ano 127.°, 1995, pp. 297,ss., ALMENO DE SÁ, *Cláusulas contratuais gerais e directiva sobre cláusulas abusivas*, Coimbra, 1999, SINDE MONTEIRO/ALMENO DE SÁ, *Das portugiesische AGB-Gesetz und die Umsetzung der EG - Richtlinie über mißbräuchliche Klauseln in Verbraucherverträgen*, in BFD, Coimbra, 1997, pp. 173, ss, e ANTÓNIO PINTO MONTEIRO *Contratos de adesão: o regime jurídico das cláusulas contratuais gerais instituído pelo Decreto-Lei n.° 446/85, de 25 de Outubro*, in ROA, ano 46, Lisboa, 1986, pp. 733,ss, *Idem, The Impact of the Directive on Unfair Terms in*

Contratos de Distribuição Comercial – Relatório 45

Foram necessidades de racionalização, celeridade, planeamento e eficácia que impuseram esse novo *modus* negocial; mas com ele surgiram problemas novos ou agravados, designadamente nos planos da *formação* do contrato, do *conteúdo* das cláusulas e das medidas de reacção adequadas, mormente de índole *processual*[75].

Houve que intervir, sob a bandeira da tutela do consumidor, ainda que com uma preocupação mais alargada: defesa do aderente, independentemente da qualidade em que intervenha, e, de algum modo, defesa, até, do próprio mecanismo contratual[76].

Desenvolveram-se, igualmente, novas técnicas de venda, como as *vendas ao domicílio* e *por correspondência*, as vendas *em cadeia* ("em pirâmide" ou de "bola de neve") e as ditas vendas *forçadas*[77]. Paralelamente, generalizaram-se certas práticas de comércio, como

---

Consumer Contracts on Portuguese Law, in ERPL vol. 3, 1995, pp. 231, ss; *Idem, El problema de las condiciones generales de los contratos y la directiva sobre cláusulas abusivas en los contratos de consumidores*, in RDM, n.º 219, Madrid, 1996, pp. 79,s., *Idem, La transposition de la directive européenne sur les clauses abusives au Portugal*, in ERPL, vol. 5, 1997, pp. 197,ss.

[75] A tais *problemas* soube a lei portuguesa responder com *soluções* correctas e de elevado apuro técnico. Para uma apreciação de tais problemas e soluções e, bem assim, para uma apreciação das alterações introduzidas ao Decreto-Lei n.º 446/85, de 25 de Outubro, pelos Decretos-Lei n.º 220/95, de 31 de Agosto, e n.º 249/99, de 7 de Julho, pode ver-se o nosso *Contratos de adesão e cláusulas contratuais gerais: problemas e soluções*, em curso de publicação nos "Estudos em Homenagem ao Prof. Doutor Rogério Soares", onde se (re)aprecia, igualmente, a Directiva 93/13/CEE, de 5 de Abril, sobre as cláusulas abusivas nos contratos com os consumidores. Recentemente, em análise crítica ao Decreto-Lei n.º 249/99, v. também MENEZES CORDEIRO, *Tratado de Direito Civil Português*, vol. I, tomo 1, 2.ª ed., Coimbra, 2000, pp. 427, ss e 466-470.

[76] Efectivamente, a lei não restringiu o seu âmbito de aplicação subjectivo ao consumidor, ainda que tenha tutelado este de modo mais alargado. A tal respeito e, bem assim, a respeito da defesa do próprio mecanismo contratual, cfr. o nosso trabalho citado na nota anterior (n.º 7) e, para maiores desenvolvimentos, SOUSA RIBEIRO, *O problema do contrato*, cit., *passim*.

[77] As quais vieram a ser reguladas pelo Decreto-Lei n.º 272/87, de 3 de Julho, alterado pelo Decreto-Lei n.º 243/95, de 13 de Setembro (transpôs a Directiva 85/577/CEE, de 20 de Dezembro de 1985).

46 *Contratos de Distribuição Comercial – Relatório*

as *vendas com redução de preços,* os *saldos* e *liquidações,* as *vendas com prejuízo* e as *vendas directas ao consumidor*[78]. Umas e outras revelaram-se instrumentos eficazes da "sociedade de consumo", tendo as intervenções legislativas que ocorreram sido ditadas por imperativos de *tutela do consumidor*, mas também de *defesa da concorrência*[79].

Escusado será encarecer o papel igualmente importante da *publicidade* e das técnicas de *marketing* envolvidas, assim como as preocupações que, nesta sede, ao direito competia dar resposta[80].

Ao mesmo tempo, expandiu-se a concessão do *crédito ao consumo*, com tudo o que de positivo traz, mas também com os perigos e riscos que comporta, e que pode conduzir a situações dramáticas de *sobreendividamento*[81].

Num outro plano, com a mecanização do processo de fabrico, a utilização de meios cada vez mais sofisticados e a produção em série, multiplicaram-se os "danos anónimos" e em série, agravando a situação da vítima e colocando-a em situação muito difícil no

---

[78] Disciplinadas pelo Decreto-Lei n.º 253/86, de 25 de Agosto, alterado pelo Decreto-Lei n.º 73/94, de 3 de Março. Cfr. também o Decreto-Lei n.º 370/93, de 29 de Outubro.

[79] Ver, a tal respeito, FLOHR, *Spezielle Vertriebsformen*, in MARTINEK/SEMLER, *Handbuch des Vertriebsrechts*, cit., pp. 548,ss.

[80] Contidas, fundamentalmente, no chamado Código da publicidade: Decreto-Lei n.º 330/90, de 23 de Outubro, alterado, por último, pelo Decreto-Lei n.º 275/98, de 9 de Setembro. Cfr., a propósito, por ex., PAULO MOTA PINTO, *Direito da Publicidade*, Apontamentos ao Curso de Direito do Consumo, policop., Coimbra, 1999.

[81] O crédito ao consumo está regulado pelo Decreto-Lei n.º 359/91, de 21 de Setembro (que transpôs as Directivas 87/102/CEE, de 22 de Dezembro, e 90/88/CEE, de 22 de Fevereiro). Ver ANTÓNIO MENEZES CORDEIRO, *Manual de Direito Bancário*, 2.ª ed., Coimbra, 2001,pp. 595,ss.. Quanto ao sobreendividamento, existe entre nós um Anteprojecto, elaborado pela Comissão do Código do Consumidor, que poderá vir a ser aprovado antes e independentemente deste Código. Sobre o ponto, em geral, numa perspectiva mais económica e sociológica, v. *O endividamento dos consumidores*, coord. M. MANUEL LEITÃO MARQUES, Coimbra, 2000.

Contratos de Distribuição Comercial – Relatório 47

tocante ao exercício do seu direito à indemnização, o que acabou por ser atenuado com a consagração legal da *responsabilidade objectiva do produtor* pelos danos causados por defeitos dos produtos que põe em circulação[82].

Tudo isto, para já não falar de tantas outras técnicas e serviços típicos da "sociedade de consumo", como o "time sharing"[83], as viagens organizadas[84] e os serviços públicos essenciais[85/86].

IV — Em suma, a distribuição e o consumo (tal como a concorrência, como veremos) ganharam, na actualidade, uma dimensão de grande relevo, graças a um conjunto de *factores comuns*.

---

[82] Decreto-Lei n.º 383/89, de 6 de Novembro, que transpôs a Directiva 85/374/CEE, de 25 de Julho. Por todos, cfr. Calvão da Silva, *Responsabilidade civil do produtor*, Coimbra, 1990; para um balanço da aplicação da Directiva, pode ver-se a obra *La Directive 85/374/CEE relative à la responsabilité du fait des produits: dix ans après*, ed. Monique Goyens, Centre de Droit de la Consommation, Louvain-la-Neuve, 1996 (onde se inclui um texto nosso sobre *La responsabilité du fait des produits au Portugal*, pp. 181,ss). Em geral, sobre os novos rumos da responsabilidade civil, também por todos, v. Carlo Castronovo, *La nuova responsabilità civile*, 2.ª ed., Milano, 1997; entre nós, recorde-se Sinde Monteiro, *Estudos sobre a responsabilidade civil*, Coimbra, 1983.

[83] Cfr. O Decreto-Lei n.º 180/99, de 22 de Maio, sobre o direito de habitação periódica. Recorde-se, a propósito do primeiro passo legislativo (Decreto-Lei n.º 355/81, de 31 de Dezembro) dado entre nós, M. Henrique Mesquita, *Uma nova figura real: o direito de habitação periódica*, in RDE, 1982, pp. 39,ss.

[84] Cfr. O Decreto-Lei n.º 209/97, de 13 de Agosto. Ver, a propósito, Miguel Miranda, *O contrato de viagem organizada*, Coimbra, 2000.

[85] Regulados pela Lei n.º 23/96, de 26 de Julho. Cfr. António Pinto Monteiro, *A protecção do consumidor de serviços públicos essenciais*, in AJURIS, 1998, pp. 20,ss, bem como *A protecção do consumidor de serviços de telecomunicações*, in "As Telecomunicações e o Direito na Sociedade da Informação", Instituto Jurídico da Comunicação/Faculdade de Direito, Coimbra, 1999, pp. 139,ss.

[86] Como fomos salientando, muitos dos diplomas legais publicados procederam à transposição das correspondentes directivas comunitárias. Por transpor estão ainda duas importantes directivas: uma, sobre contratos à distância (Directiva 97/7/CE, de 20 de Maio); outra, sobre venda de bens de consumo e garantias (Directiva 1999/44/CE, de 25 de Maio). Na nossa *Introdução ao Direito do Consumidor*, cit., indicamos os diplomas nacionais e comunitários com relevo nesta matéria.

As figuras, práticas e serviços que são estudadas no direito do consumidor constituem, afinal, instrumentos eficazes para a distribuição dos bens e foi para servir este objectivo que elas foram criadas. Tal como os contratos de distribuição. Mas colocam-se, uns e outros, em estádios diferentes desse processo, versam sobre relações diversas, têm autonomia e são objecto de estudo separado[87].

15. Contratos de dependência

I — O direito do consumidor assenta no *desequilíbrio* entre o profissional e o consumidor e visa a defesa deste[88]. O direito do tra-

---

[87] Sem prejuízo, contudo, de essa matriz comum ser por vezes acentuada em obras que tratam ao mesmo tempo os direitos da distribuição e do consumidor (como fazem BEAUCHARD, o *Lamy droit économique* e o *Mémento pratique Francis Lefebvre*), ou, ao menos, certos aspectos deste (como MARTINEK/SEMLER). E há mesmo quem inclua nas redes comerciais, por considerar que constituem "canais de distribuição", certas práticas comerciais, como as vendas em pirâmide, à distância, automáticas, etc: é o caso de JOSÉ LUIS VÉLAZ NEGUERELA, *Las redes comerciales*, Pamplona, 1999, pp. 95,ss. Entre nós, sobre o direito do consumidor, ver ainda, por ex., FERREIRA DE ALMEIDA, *Os direitos dos consumidores*, Coimbra, 1982; CALVÃO DA SILVA, *Protecção do consumidor*, in "Direito das Empresas", coord. DIOGO LEITE DE CAMPOS, INA, 1990, pp. 113,ss; ANTÓNIO PINTO MONTEIRO, *O Direito do Consumidor em Portugal, in* RBDC, n.º 17, Rio de Janeiro, 1999, pp. 128,ss, bem como *Do Direito do Consumo ao Código do Consumidor*, cit., pp. 201,s; e o volume *Comunicação e Defesa do Consumidor*, Instituto Jurídico da Comunicação/Faculdade de Direito, Coimbra, 1996, *passim* (onde se incluem as *Conclusões do Congresso*, a nosso cargo: pp. 489,ss).

[88] Esse desequilíbrio não tem de ser necessariamente económico. Pode resultar, tão-só, de razões de ordem técnica. Por isso o consumidor, em sentido técnico-jurídico, é sempre alguém que se *relaciona* com um *profissional*. Não colhe inteiramente, para justificar a tutela do consumidor, a mera perspectiva de protecção dos fracos, que pode considerar-se um princípio tradicional do direito civil. Ver, a propósito, JÖRG NEUNER, *Privatrecht und Sozialstaat*, München, 1999, pp. 277,ss.

Contratos de Distribuição Comercial – Relatório 49

balho, de certo modo, assume postura semelhante[89]. Mas o mesmo já não vale relativamente aos distribuidores. Traços que *distinguem* os contratos de distribuição do contrato de trabalho são, mesmo, a *autonomia* e *independência* dos primeiros (do agente, concessionário e franquiado perante a contraparte), em contraste com a *subordinação jurídica* típica do segundo (do trabalhador em face da entidade patronal)[90]. Todavia, fala-se de *contratos de dependência* — e aí se incluem os contratos de agência, de concessão e de franquia[91].

A estranheza será ainda maior, aparentemente, se considerarmos que os contratos de distribuição, e em especial o "franchising", fazem parte dos chamados *contratos relacionais* (os "relational contracts" da doutrina anglo-americana)[92], onde avultam relações *duradouras* e de estreita *colaboração*, em contraponto com as "discrete transactions", caracterizadas por contactos pontuais, instantâneos, anónimos e antagónicos[93].

---

[89] Pela *subordinação* a que se encontra sujeito o trabalhador. Ver, por ex., Menezes Cordeiro, *Manual de Direito do Trabalho*, Coimbra, 1991, pp. 15 e 127, e Jorge Leite, *Direito do Trabalho*, vol. I, Coimbra, 1998, pp. 61,ss.

[90] Cfr., *infra*, cap. III. Mas ver as dúvidas que por vezes se levantam quanto ao "alargamento da protecção laboral" a contratos de distribuição mais subordinantes, em Menezes Cordeiro, *Manual de Direito Comercial*, cit., n.º 215, IV.

[91] A referência obrigatória é a tese de Georges Virassamy, *Les contrats de dépendance. Essai sur les activités professionnelles exercées dans une dépendance économique*, Paris, 1986, pp. 5,ss, 45,ss, 91,ss e *passim*.

[92] As referências obrigatórias são aqui os trabalhos de Macaulay e Macneil: do primeiro, por ex., *Non – contractual relations in business: a preliminary study*, in *Readings in the economics of contract law*, ed. Goldberg, Cambridge, 1989, pp. 4,ss; do segundo, por ex., *Economics analysis of contractual relations*, in Richard Craswell/Alan Schwartz, *Foundations of contract law*, New York, Oxford, 1994, pp. 193,ss. Sobre o tema, v. ainda Melvin Eisenberg, *Relacional Contracts*, in *Good faith and fault in contract law*, ed. Jack Beatson/Daniel Friedmann, Oxford, New York, 1995, pp. 291,ss.

[93] Para uma apreciação desta doutrina e, designadamente, sobre as figuras em que ela assenta, pode ver-se Martinek, *Moderne Vertragstypen*, Band III, München, 1993, pp. 365,ss.

II — Mas é essa mesma colaboração entre as partes, os laços que entre si estabelecem e a fidelidade que cultivam, numa relação duradoura e estável, que cria uma forte *interdependência* entre os contraentes. Qualquer *ruptura* provocará *dificuldades* de toda a ordem, muito especialmente para encontrar um *novo* parceiro comercial ou uma *alternativa* à actividade até então desenvolvida[94].

O problema vem sendo colocado especialmente ao distribuidor quando o contrato chega ao seu termo por caducidade, ou quando cessa por iniciativa da outra parte, que o denuncia, tratando-se de contrato por tempo indeterminado[95]. Dir-se-á que o distribuidor de tal modo se liga à outra parte e se adequa (se sujeita) à política comercial desta que fica *dependente* — *economicamente dependente* — dela, o que relevará muito especialmente ao cessar o contrato.

III — É claro que estas considerações são, em si mesmas, correctas. Elas servem para *reforçar* a adopção de certas medidas — como o pré-aviso, em caso de denúncia — e justificam que se deva ser especialmente cuidadoso na análise dos *comportamentos* que fazem cessar a relação contratual, estar atento a eventuais *abusos* e ao montante das *indemnizações* a que haja lugar[96]. Mas não podem ser invocadas para *obstar* a que o contrato *cesse* — no termo do prazo acordado ou através da livre denúncia, consoante se trate de um contrato por tempo determinado ou por tempo indeterminado.

IV — O problema da dependência económica tem implicações e pode relevar ainda sob uma outra perspectiva — a da *defesa da concorrência*. Pergunta-se: terá a referida dependência relevância nesta sede, em termos de o concessionário poder invocar o art. 4.° do

---

[94] De acordo com a definição adiantada por VIRASSAMY, *Les contrats de dépendance*, cit., p. 10, os contratos de dependência seriam "os contratos que regem uma actividade profissional em que um dos contraentes, o dependente (*l'assujetti*), para existir ou sobreviver, se encontra tributário da relação regular, privilegiada ou exclusiva, que estabeleceu com a contraparte, o parceiro privilegiado, o que tem como efeito colocá-lo na dependência económica e sob o domínio deste".

[95] São assuntos a analisar mais adiante, no cap. IV.

[96] Cfr. PARDOLESI, *I contratti di distribuzione*, cit., pp. 309,ss e 322, ss.

Decreto-Lei n.° 371/93, de 29 de Outubro, que proíbe o *abuso de dependência económica*?[97]

Estabelece este preceito: "É também proibida a exploração abusiva, por uma ou mais empresas, do estado de dependência económica em que se encontre relativamente a elas qualquer empresa fornecedora ou cliente, por não dispor de alternativa equivalente, nomeadamente quando se traduza na adopção de qualquer dos comportamentos previstos no n.°1 do artigo 2.°". Ter-se-á, pois, que apurar, quando for caso disso, se haverá abuso de dependência económica que reverta em *benefício* do distribuidor.

Mas o que importa ainda acentuar, a este respeito, é que esta norma visa também defender os *fornecedores* e os *clientes* perante as empresas *distribuidoras*, e terá sido essa a grande *novidade* no direito da concorrência.

Esta posição do direito da concorrência tem a ver com o desenvolvimento da grande distribuição, a que já nos referimos, e a *inversão de forças* que se verificou entre o comércio e a indústria, após a Segunda Guerra Mundial. São os distribuidores que têm a *chave do mercado*, são eles que passam a *condicionar*, em grande medida, produtores e fornecedores. O recurso à proibição do *abuso de posição dominante* (art. 3.° do referido Decreto-Lei n.° 371/93) poder-se-ia revelar inadequado, pois ainda que não tenham uma posição dominante, apresentam-se, contudo, numa situação propícia à *exploração abusiva* do estado de *dependência económica* de fornecedores e clientes. Essa a razão de ser da proibição contida no art. 4.° da Lei de Defesa da Concorrência[98].

---

[97] Inclinando-se para que, "em princípio, o contrato de concessão não gera dependência", embora uma resposta definitiva implique sempre a ponderação das "circunstâncias do caso concreto", MARIANO PEGO, na sua dissertação de mestrado sobre *A posição dominante relativa no direito da concorrência (Análise jurídico-económica)*, dact., Coimbra, 1996, IV, n.° 2.3.1.

[98] Trata-se, pois, de proibir o *"abuso de dependência económica"* ou o *abuso de posição dominante relativa*, no plano das relações *verticais*, e não o *"abuso de posição dominante"* ou o abuso de *posição dominante absoluta*, no plano das relações *horizontais*. Cfr., a este propósito, MARIANO PEGO, *op. cit.*, I, n.° 2, III, n.° 1.2. e *passim*, e BEAUCHARD, *op. cit.*, p. 26.

16. Distribuição e concorrência

I — Acabamos de abordar um problema com implicações mais vastas — de direito da concorrência — e de convocar normas de um diploma legal que visa precisamente a *defesa da concorrência*.

Já antes havíamos referido que a *distribuição*, o *consumo* e a *concorrência* andam de mãos dadas. A questão que neste contexto se deve colocar é a de saber *se* e *em que medida* os contratos de distribuição *interferem* com as regras de defesa da concorrência.

II — Antes, porém, umas brevíssimas palavras sobre a origem, fundamentos e alcance do direito da concorrência.

A preocupação com a disciplina da concorrência é relativamente recente na história do direito. As primeiras intervenções dignas de registo ocorreram do outro lado do Atlântico. Em 2 de Julho de 1890, o então presidente norte-americano Benjamin Harrison assina o *Sherman Act*, com o propósito essencial de combater os cartéis, as concentrações horizontais de dimensão monopolística e os comportamentos empresariais predatórios. Mais tarde, em 1914, é aprovado pelo Congresso norte-americano o *Clayton Act*, abrangendo práticas de discriminação de preços, acordos exclusivos e restrições da concorrência envolvendo a aquisição de participações sociais[99].

Na Europa, a preocupação com a defesa da concorrência só veio a generalizar-se após a II Guerra Mundial, com a adopção, por vários países, de normas visando a defesa da concorrência (saliente-se, todavia, que a Alemanha já dispunha, em 1923, de um diploma dirigido à repressão do abuso de poder económico).

---

[99] Sobre a origem e evolução do *antitrust law* nos Estados Unidos da América, pode ver-se ROBERT H. BORK, *The antitrust paradox – a policy at war with itself*, 1978 (reimpressão 1993), New York, em especial pp. 19, ss., ou RICHARD A. POSNER, *Antitrust law – an economic perspective*, 1976, The University of Chicago Press, pp. 23, ss.

Contratos de Distribuição Comercial – Relatório 53

No que toca ao direito comunitário, desde o início que o Tratado de Roma contém disposições reguladoras da concorrência (referimo-nos, claro está, aos actuais arts. 81.° e 82.°, que correspondiam aos arts. 85.° e 86.° da numeração inicial); mas já em 1951 o Tratado de Paris, que deu origem à Comunidade Europeia do Carvão e do Aço, revelava a preocupação dos Estados contratantes com a disciplina da concorrência (vejam-se especialmente os arts. 4.°, 65.° e 66.°).

A necessidade e os objectivos destas intervenções legislativas têm merecido aprofundadas reflexões e acalorados debates tanto na doutrina norte-americana como na doutrina europeia.

A defesa da concorrência alicerça-se, tradicionalmente, nas *vantagens* imputadas à própria *concorrência*[100]. São, desde logo, invocados os benefícios para o *consumidor* (o chamado *consumer welfare*) e a eficiência na *alocação dos recursos* (*allocative efficiency*).

Em termos muito simplificados, dir-se-á que numa situação de concorrência perfeita os recursos económicos são distribuídos pela produção dos diversos bens e serviços na proporção adequada, tendo como medida as preferências expressas pelos consumidores através do preço que estão dispostos a pagar no mercado. Por outro lado, os bens e serviços tenderão a ser produzidos pelo mais baixo custo possível e aumentam os incentivos à inovação e ao desenvolvimento de

---

[100] Para além das obras gerais, designadamente o *Lamy droit économique, concurrence, distribution et consommation*, já cit., pp. 381,ss, e o *Mémento Pratique Francis Lefebvre*, cit., pp. 117,ss, cfr., por ex., GUIDE LOYRETTE NOUEL, *Le droit de la concurrence de la C.E.E.*, 4.ª ed., Paris, 1982, pp. 5,ss, 18,ss e *passim*; RICHARD WISH/ BRENDA SUFRIN, *Competition Law*, 3.ª ed., London, Edinburgh 1993, em especial pp. 1, ss.; VALENTINE KORAH, *EC competition law and practice*, 6.ª ed., Oxford, 1997, pp. 8, ss.; D. G. GOYDER, *E.C. competition law*, Oxford, 1998, pp. 8, ss.; MIGUEL GORJÃO-HENRIQUES, *Da restrição da concorrência na Comunidade Europeia: a franquia de distribuição*, cit., em especial pp. 46, ss.; JOÃO MOTA CAMPOS, *Direito Comunitário*, III vol., *O ordenamento económico – O Mercado Interno da Comunidade*, Lisboa, 1991, pp. 427,ss; A. CARLOS SANTOS/M. EDUARDA GONÇALVES/M. M. LEITÃO MARQUES, *Direito Económico*, Coimbra, 1995, pp. 337,ss e 355,ss.

novos produtos. Se, inversamente, nos depararmos com uma situação de monopólio, o exercício de poder de mercado conduzirá a um aumento do preço e a uma concomitante redução das quantidades produzidas; os consumidores ver-se-ão privados de bens e serviços pelos quais estariam dispostos a pagar o chamado preço de mercado e irão gastar o seu dinheiro em opções de segunda escolha; os recursos económicos não só serão alocados de forma ineficiente como serão em boa medida desperdiçados na aquisição e manutenção de poder de mercado; o monopolista não sentirá a necessidade de reduzir os custos de produção nem o incentivo a inovar e desenvolver novos produtos.

São conhecidas as objecções a este modelo simplificado, que contrapõe a concorrência perfeita ao monopólio, a começar pelo facto de ambas as situações serem, na prática, de muito difícil verificação. Na verdade, a concorrência perfeita implica a existência de factores como a atomização do mercado, a homogeneidade do produto, a inexistência de barreiras à entrada de novas empresas, a mobilidade quer dos compradores quer dos factores de produção e a transparência do próprio mercado no que toca à informação acessível a cada participante. E convém igualmente não esquecer que os agentes económicos nem sempre adoptam as decisões aconselhadas pela racionalidade económica de maximização do lucro. No outro extremo do espectro, só estaremos em presença de um monopólio puro quando o produtor de bens ou serviços detiver a totalidade do mercado em causa e não existirem alternativas suficientemente próximas para os compradores.

A ser assim, a defesa da concorrência não deverá tomar como paradigma absoluto a situação de concorrência perfeita. Todavia, nem por isso o objectivo de garantir a existência e manutenção de condições concorrenciais no mercado deve ser posto de lado, ainda que referido apenas a uma "concorrência praticável" (*workable competition*) ou à necessidade de assegurar "mercados contestáveis" (*contestable markets*), isto é, mercados de que estejam ausentes barreiras à entrada ou à saída de concorrentes.

Acresce que, consoante os sistemas jurídicos e as conjunturas sociais, políticas e económicas, as regras de defesa da concorrência

Contratos de Distribuição Comercial – Relatório 55

também têm sido interpretadas e aplicadas à luz de objectivos diversos, que pouco têm a ver com o referido *consumer welfare* ou com a eficiência na alocação dos recursos. Sirva de exemplo a ideia de redistribuição da riqueza, evitando que se concentre nas mãos de uns poucos; a protecção das pequenas e médias empresas, independentemente do seu grau de eficiência; ou mesmo a prossecução de objectivos de política de emprego ou de combate à inflação. No domínio da construção europeia, é largamente reconhecida a importância das regras jusconcorrenciais como instrumento de integração e de eliminação de barreiras à entrada nos vários mercados nacionais, contribuindo assim de forma decisiva para a realização do mercado comum.

III — Posto isto, voltando aos *contratos de distribuição*, registe--se que, na perspectiva do *direito da concorrência*, eles são *acordos verticais*, na medida em que estruturam juridicamente as relações entre empresas situadas em diferentes níveis da cadeia de produção e distribuição de bens e serviços. Ora a reacção do ordenamento jusconcorrrencial é desencadeada sempre que os contratos de distribuição envolvam restrições da concorrência — justamente as chamadas *restrições verticais*[101].

É claro que, num sentido muitíssimo lato, todo e qualquer contrato de distribuição implica uma *restrição da concorrência*, visto

---

[101] Cfr. Jörg Haase, *Absatzmittlungsverträge zwischen Warenproduzenten und Eigenhändlern. Eine Untersuchung aus kartell- und aus wettbewerbsrechtlicher Sicht*, Köln, Berlin, Bonn, München, 1996, pp. 2,ss, 14,ss, 25,ss e *passim*; Richard Wish/ Brenda Sufrin, *op. cit.*, pp. 43. ss.; L. A. Sullivan, *Handbook of the law of antitrust*, 1977, pp. 376, ss.; Valentine Korah, *op. cit.*, pp 192 ss.; Ivo Van Bael/ Jean-François Bellis, *Competition law of the European Community*, 3.ª ed., 1994, pp. 113 ss; Fernando Martínez Sanz, *Distribución a través de agentes y derecho de defensa de la competencia*, RDM, Madrid, 1996, pp. 35,ss; Maria Helena Brito, *O contrato de concessão comercial*, cit., pp. 243,ss; M. Nogueira Serens, *Direito da concorrência e acordos de compra exclusiva (práticas nacionais e práticas comunitárias)*, Coimbra, 1993; Miguel Gorjão-Henriques, *op. cit.*, pp. 178 ss.

que a vinculação jurídica das partes à realização das prestações acordadas constitui uma *limitação* da respectiva *liberdade económica*, mas sobretudo limita a liberdade económica de *terceiros*. Por isso é que, apesar de fornecedores e distribuidores não concorrerem entre si, os acordos celebrados entre ambos podem afectar *negativamente* a concorrência, seja no mercado ocupado pelos primeiros, seja no mercado ocupado pelos segundos.

Naturalmente que a limitação da liberdade de terceiros só interessa ao direito da concorrência quando essa limitação for *relevante* — o que pode tornar-se de apreciação muito difícil.

Diversas são as estipulações contidas nos contratos de distribuição que têm merecido um juízo pouco favorável do ponto de vista do direito da concorrência. Desde logo, as obrigações de compra ou de venda exclusiva bem como os mecanismos de protecção territorial e de repressão das "importações" paralelas, pelo potencial de encerramento de (parte dos) mercados que comportam. Mas tem sido igualmente sujeita a escrutínio jusconcorrencial a imposição, por diversas vias, de preços de revenda (*resale price maintenance*), e bem assim a conclusão dos chamados "contratos acorrentados" (*tying arrangements*), em que a celebração do *contrato-âncora* (aquele em que o distribuidor está verdadeiramente interessado) fica subordinada à concomitante celebração de um acordo envolvendo um produto diverso do pretendido.

Tudo isto não impede que simultaneamente se tenham em linha de conta os *benefícios*, concorrenciais e não só, que os contratos de distribuição e, em particular, certas modalidades ou sistemas de distribuição — *v.g.*, a franquia, a concessão comercial, a distribuição selectiva — também comportam. A consideração de tais benefícios acaba, assim, por pesar substancialmente no juízo global sobre a *(i)licitude concorrencial* de certas estipulações contidas nos contratos de distribuição.

IV — No quadro do *direito comunitário*, as restrições da concorrência operadas pelos contratos de distribuição são abrangidas pela previsão do art. 81.° do Tratado de Roma (anterior art. 85.°).

Em face do disposto no n.º 1 do art. 81.º, tais contratos são considerados "acordos entre empresas", pelo que, na medida em que "sejam susceptíveis de afectar o comércio entre os Estados-membros" e que "tenham por objectivo ou efeito impedir, restringir ou falsear a concorrência no mercado comum" (particularmente se corresponderem a alguma das hipóteses tipificadas nas várias alíneas do preceito), são abrangidos pela *proibição* que a norma estatui e, consequentemente, estarão feridos de *nulidade* (conforme prescreve o n.º 2 do mesmo preceito).

Todavia, preenchidas as condições que o n.º 3 do art. 81.º enuncia, é possível que a proibição cominada pelo n.º 1 seja *declarada inaplicável* a determinados acordos (*isenções individuais*) ou a determinadas categorias de acordos (*isenções por categoria*) entre empresas.

A competência para conceder *isenções individuais* foi atribuída à Comissão pelo Regulamento n.º 17, de 6 de Fevereiro de 1962 (cfr. art. 9.º, n.º 1), sendo o processo desencadeado pela *notificação* das empresas interessadas em beneficiar da declaração de inaplicabilidade prevista no n.º 3 do art. 81.º (art. 4.º, n.º 1). A isenção reveste a forma de uma *decisão* da Comissão e será concedida por um *período limitado*, podendo incluir condições e obrigações (art. 8.º). O Regulamento n.º 17 prevê ainda o poder de a Comissão *ordenar a cessação* de infracções ao disposto no art. 81.º do Tratado e de aplicar *multas* ou *sanções pecuniárias compulsórias* aos prevaricadores (arts. 4.º, 15.º e 16.º), bem como o poder de atribuir os chamados *certificados negativos* (art. 2.º), que atestam a licitude do acordo em causa no confronto com o art. 81.º, n.º 1.

A *dimensão* do fluxo de notificações visando a obtenção de isenções individuais pressionou notoriamente o Conselho à adopção do Regulamento n.º 19/65/CEE do Conselho, de 2 de Março de 1965 (alterado pelo Regulamento (CE) n° 1215/1999 do Conselho, de 10 de Junho de 1999), que veio atribuir à Comissão a competência para conceder, através da emissão de regulamentos de vigência limitada, *isenções por categoria* a certas modalidades de acordos entre empresas, em particular no domínio dos *contratos de distribuição* (art. 1.º, n.º 1, alínea a)). Os regulamentos de isenção por

58   *Contratos de Distribuição Comercial – Relatório*

categoria têm vigência limitada (art. 2.°, n.° 1) e é possível aos Estados-membros ou aos legítimos interessados suscitar uma decisão retirando o benefício da aplicação do regulamento a uma determinada situação concreta (art. 7.°).

Vários foram os regulamentos de isenção adoptados pela Comissão ao abrigo do Regulamento n.° 19/65/CEE com incidência directa sobre os contratos de distribuição.

Salientam-se, desde logo (substituindo os Regulamentos 67/67 e 2591/72 da Comissão), o Regulamento (CEE) n.° 1983/83 da Comissão, de 22 de Junho de 1983, alterado pelo Regulamento (CE) n.° 1582/97 da Comissão, de 30 de Julho de 1997, sobre os *acordos de venda exclusiva*, bem como o Regulamento (CEE) n.° 1984/83 da Comissão, de 22 de Junho de 1983, alterado pelo referido Regulamento (CE) n.° 1582/97 da Comissão, sobre os *acordos de compra exclusiva*, que integra disposições especiais relativamente aos *acordos de fornecimento de cerveja* e aos *acordos de estações de serviço*. Os critérios adoptados pela Comissão na interpretação e aplicação destes Regulamentos são enunciados e explicitados na sua Comunicação (84/C 101/02) de 13 de Abril de 1984.

Relevante é igualmente o Regulamento (CE) n.° 1475/95 da Comissão, de 28 de Junho de 1995, que "sucedeu" ao Regulamento (CEE) n.° 123/85 da Comissão, de 12 de Dezembro de 1984, sobre *acordos de distribuição de veículos automóveis*.

Quanto aos *acordos de franquia*, o marco foi constituído pelo Regulamento (CEE) n.° 4087/88 da Comissão, de 30 de Novembro de 1988.

Já outras modalidades de contratos de distribuição, como a agência, têm vindo a ser tratadas com *benevolência* da perspectiva do direito da concorrência. Na verdade, na sua Comunicação de 24 de Dezembro de 1962 relativa aos *contratos de representação exclusiva com agentes comerciais*, a Comissão considerava que a agência não estava sequer abrangida pela proibição do art. 85.°, n.° 1 (actual art. 81.°, n.° 1) do Tratado.

No que diz respeito aos *contratos de distribuição selectiva*, a Comissão vinha admitindo a licitude jusconcorrencial dos sistemas de distribuição que tais contratos criam desde que fossem respeitados determinados requisitos, que se prendiam com a circunstância de as características específicas do produto distribuído reclamarem certas qualidades e competências técnicas do distribuidor, e na medida em que os critérios utilizados pelo produtor para limitar o número de distribuidores (sejam eles qualitativos ou quantitativos) não fossem alvo de um juízo desfavorável no quadro do art. 81.°.

Recentemente, todo este quadro normativo foi alvo de uma profunda transformação. Na verdade, a adopção do Regulamento (CE) n.° 2790/1999 da Comissão, de 22 de Dezembro de 1999, relativo à aplicação do n.° 3 do art. 81.° do Tratado CE a *determinadas categorias de acordos verticais e práticas concertadas*, veio afastar (na maior parte das situações, com excepção dos casos salvaguardados na norma de direito transitório contida no art. 12.° do dito Regulamento) a aplicação dos Regulamentos n.° 1983/83, n.° 1984/83 e n.° 4087/88, relativos aos acordos de venda exclusiva, acordos de compra exclusiva e acordos de franquia.

Pouco depois, a Comissão emitiu a Comunicação (2000/C291/01) de 13 de Outubro de 2000, relativa à interpretação e aplicação do Regulamento n.° 2790/1999. Esta Comunicação contém igualmente a nova posição da Comissão no que toca ao *contrato de agência*, substituindo nesse aspecto a Comunicação de 1962 acima referida por uma atitude *menos permissiva*, uma vez que considera que apenas os autênticos ou *genuínos* contratos de agência estão subtraídos do âmbito de aplicação do art. 81.°, n.° 1, do Tratado (um contrato de agência deixa de ser "genuíno" sempre que o agente suporte determinados riscos de índole financeira ou comercial, devidamente caracterizados e exemplificados no texto da Comissão).

Também os acordos de distribuição selectiva foram especificamente tratados, quer pelo Regulamento n.° 2790/1999 da Comissão, quer pela referida Comunicação da Comissão, passando a estar genericamente isentos da aplicação do art. 81.°, n.° 1, do Tratado. Mas a Comissão impôs algumas restrições importantes a essa isenção (art. 4.° do Regulamento).

Por outro lado, saliente-se que está em curso a reforma do mencionado Regulamento n.º 17 sobre as regras relativas à aplicação dos arts. 81.º e 82.º do Tratado. O aumento do volume de notificações (com tendência para crescer ainda mais com o previsto alargamento da Comunidade) tem dificultado uma acção eficaz da Comissão no domínio da defesa da concorrência, suscitando a discussão sobre as alternativas adequadas ao monopólio da Comissão no que toca à aplicação do n.º 3 do art. 81.º. Na sequência da publicação, em 1999, de um Livro Branco sobre a modernização das regras de aplicação dos arts. 81.º e 82.º do Tratado, a Comissão apresentou, em 27 de Setembro de 2000, uma Proposta de Regulamento do Conselho relativo à execução das regras de concorrência aplicáveis às empresas previstas nos arts. 81.º e 82.º do Tratado — COM (2000) 582, na qual se abre a possibilidade de os tribunais e as autoridades de defesa da concorrência nacionais aplicarem a regra de excepção do n.º 3 do art. 81.º.

V — Entre nós, está actualmente em vigor o Decreto-Lei n.º 371/93, de 29 de Outubro, que veio revogar a anterior lei de defesa da concorrência, o Decreto-Lei n.º 422/83, de 3 de Dezembro[102].

As restrições da concorrência levadas a cabo pelos contratos de distribuição são sindicadas pelo art. 2.º do mencionado diploma, que contém uma norma de *proibição* (o n.º 1) e outra (o n.º 2) cominando a sanção da *nulidade* para os acordos proibidos. Todavia, os contratos de distribuição que impliquem restrições da concorrência podem ser *isentados* da proibição e da correspondente nulidade caso preencham os requisitos enunciados pelo art. 5.º, n.º 1. Aliás, as empresas interessadas em obter uma declaração de inaplicabilidade do art. 2.º aos contratos por elas celebrados com base na satisfação das condições do art. 5.º, ou em obter uma declaração de legalidade

---

[102] Sobre os diplomas e projectos de diploma nacionais com incidência na defesa da concorrência desde o século XIX ver, por todos, ALBERTO P. XAVIER, *Subsídios para uma lei de defesa da concorrência*, "Ciência e Técnica Fiscal", n..º 138, Junho de 1970, pp. 87, ss, pp. 105,ss.

dos mesmos contratos com fundamento na ausência de violação do art. 2.°, podem *requerer* tais declarações ao Conselho da Concorrência, nos termos da Portaria n.° 1097/93, de 29 de Outubro.

Saliente-se, ainda, que alguns aspectos relacionados com o conteúdo, e particularmente com a cessação dos contratos de distribuição, são passíveis de configurar um *abuso de dependência económica*, tal como se encontra tipificado no art. 4.° do diploma de defesa da concorrência (e a que já antes fizemos referência).

Tanto a violação do art. 2.° como a violação do art. 4.° constituem *contra-ordenações* puníveis nos termos do art. 37.°, n.° 1 e 2, cabendo o poder de iniciar e instruir o processo à Direcção-Geral do Comércio e Concorrência (arts. 22.°, ss.), e ao Conselho da Concorrência a competência para tomar a decisão final (arts. 27.°), que é susceptível de recurso para o Tribunal de Comércio de Lisboa.

Observe-se, por último, que nos Relatórios de Actividade do Conselho da Concorrência tem transparecido alguma preocupação relativa aos contratos de distribuição, nomeadamente no tocante ao contrato de agência (considerando não lhe serem aplicáveis genericamente as regras legais de defesa da concorrência), aos sistemas de distribuição (enunciando alguns dos aspectos a ser tidos em conta na apreciação jusconcorrencial dos contratos que os estruturam), aos requisitos formais dos contratos de distribuição (reafirmando que a não redução a escrito dos contratos de distribuição não prejudica a apreciação dos mesmos sob o prisma do direito da concorrência) ou à distribuição exclusiva (equacionando já alguns problemas jusconcorrenciais que a respectiva cessação poderia ocasionar, atendendo à frequente dependência económica do distribuidor)[103].

---

[103] Cfr., respectivamente, Relatório de Actividade de 1987, pp. 12 e 13; Relatório de Actividade de 1988, p.17; Relatório de Actividade de 1992, p. 18; Relatório de Actividade de 1992, p. 17.

17. Formas da distribuição

I — Já sabemos que a agência, a concessão e a franquia constituem, actualmente, as principais modalidades dos contratos de distribuição. Vista a mesma realidade por outro prisma, dir-se-á que é ao agente, ao concessionário e ao franquiado que cabe, hoje em dia, a tarefa de maior relevo no âmbito da distribuição comercial.

Embora se possa afirmar o *pluralismo* como traço dominante do sistema comercial, coexistindo o pequeno comerciante ao lado das grandes superfícies e do comércio integrado, a tendência aponta, todavia, para a *organização* e a *concentração*. Nesta linha, assume papel do maior relevo a *integração* em *redes de distribuição*[104].

II — É claro que nada impede a *distribuição directa*, ou seja, aquela em que os bens se transmitem directamente do produtor para o consumidor final, seja na própria sede da empresa, seja através de pessoal dependente, de sucursais ou de filiais.

Assume particular importância, porém, na actualidade, a *distribuição indirecta*, que aproveita as vantagens da *divisão do trabalho* e da *especialização*: aqui, o produtor concentra-se no aparelho produtivo, renuncia ao controlo da comercialização e passam a ser empresas especializadas que se encarregam dessa tarefa, na qual sobressaem os grossistas e os retalhistas.

Mas entre estes "casos-limite", como lhes chama PARDOLESI, é possível encontrar formas intermédias que permitem *coordenar* a fase da produção com a da distribuição, permitindo ao produtor *intervir* na distribuição, mas sem anular a *autonomia* das partes, possibilitando assim uma "*integração vertical convencional*": o que se consegue, precisamente, através dos *contratos de distribuição*[105].

---

[104] Cfr. PAUL PIGASSOU, *La distribution integrée*, in RTDCom, tome XXXIII, 1980, pp. 473,ss; LAURENCE AMIEL-COSME, *Les réseaux de distribution*, Paris, 1995, pp. 1,ss; KNUT WERNER LANGE, *Das Recht der Netzwerke. Moderne Fragen der Zuzammenarbeit in Produktion und Vertrieb*, Heidelberg, 1998, pp. 37,ss; BEAUCHARD, *op. cit.*, pp. 129,ss; NEGUERUELA, *op. cit.*, pp. 25,ss.

[105] Cfr. PARDOLESI, *I contratti di distribuzione*, 1979, cit., pp. 11-15 ; *Idem, Contratti di distribuizone*, in EG, Roma, 1988, n.° 1.2., pp. 1,ss. Esta posição vai

Contratos de Distribuição Comercial – Relatório

III — Na verdade, a distribuição indirecta pode ser *integrada* ou *não integrada*, consoante se proceda ou não a uma *coordenação* entre a produção e a comercialização[106].

No primeiro caso, na distribuição integrada, o distribuidor mantém a sua independência e autonomia jurídica, suportando os custos de organização e, em regra, como qualquer comerciante, também o risco da comercialização[107]; mas é *integrado* na empresa ou no grupo do produtor, com o qual *coordena* e *articula* a sua actividade, o que implica ter de seguir *directrizes* de vária ordem, sujeitar-se a uma certa *orientação, controlo* e *fiscalização*, e aceitar *promover* os bens e serviços que distribui. Em contrapartida, usufrui de *benefícios* vários, provenientes, em geral, da *"posição de privilégio"* que lhe advém de ser *integrado* naquela *rede* de distribuição[108]. O que vale, em maior ou menor medida, de um modo mais ou menos intenso, para o agente, o concessionário e o franquiado, mas também para o distribuidor autorizado e o distribuidor selectivo, designadamente[109].

IV — Numa outra perspectiva, mais simples, dir-se-á, com Cana-ris, que a empresa pode distribuir os seus produtos e serviços através dos seus próprios *empregados* e *filiais*, ou recorrer a *terceiros*, sem qualquer ligação a si, que actuarão por conta e em nome próprio, como acontece com grossistas e retalhistas. Mas pode também a

---

sendo seguida pela doutrina italiana e portuguesa: cfr., respectivamente, por ex., Oreste Cagnasso, *Concessione di vendita e franchising*, in Gastone Cottino, *Contratti commerciali*, Padova, 1991, pp. 379,ss; Angelo Luminoso, *I contratti tipici e atipici*, Milano, 1995, pp. 255,s; Maria Helena Brito, *O contrato de concessão comercial*, cit., pp. 1,ss.

[106] Cfr. também Menezes Cordeiro, *Manual de Direito Comercial*, cit., n.º 205.

[107] O que acaba de dizer-se terá de ser entendido *cum grano salis*, em relação ao agente: ver, *infra*, n.º 22.1.

[108] Benefícios de que aproveita também a outra parte e, em geral, todas as empresas do grupo, pelas vantagens que a integração num sistema lhes traz, em termos de consistência, organização, dinâmica, imagem e política de "marketing". Cfr. Martinek/Semler, *Handbuch des Vertriebsrechts*, cit., pp. 29,ss.

[109] Martinek/Sembler, *op. cit.*, pp. 47,ss.

64 *Contratos de Distribuição Comercial – Relatório*

empresa servir-se de esquemas intermédios, utilizando pessoas *independentes* que, contudo, *colaborarão* consigo de modo *estável* na distribuição dos bens: em grau maior ou menor, estão nesta situação, entre outros, o agente, o concessionário e o franquiado[110].

V — Trata-se, numa palavra, de fazer com que, *por via convencional* — através dos referidos contratos —, o produtor[111] acabe por *intervir* e *controlar* a fase da *distribuição*, com *custos* e *riscos* reduzidos ou de todo afastados, graças a colaboradores *independentes*, mas que aceitam a *orientação* e *directrizes* do primeiro, em contrapartida das condições de comercialização *privilegiada* de que beneficiam, seja em função da *marca* dos bens, seja pela *integração* numa rede de distribuição.

18. Regime jurídico

I — Já sabemos que dos três contratos de distribuição em análise *só a agência* dispõe de regime jurídico próprio, consagrado no Decreto-Lei n.° 178/86, de 3 de Julho, com as alterações introduzidas pelo Decreto-Lei n.° 118/93, de 13 de Abril, que transpôs a Directiva 86/653/CEE, do Conselho, de 18 de Dezembro de 1986. Os contratos de concessão comercial e de franquia permanecem como contratos *legalmente atípicos*, pese embora a sua indiscutível *tipicidade social*[112].

---

[110] Cfr. CANARIS, *Handelsrecht*, cit., pp. 317-318. Em termos semelhantes, também KARSTEN SCHMIDT, *Handelsrecht*, 5. ed., Köln, Berlin, Bonn, München, 1999, pp. 754,ss.

[111] *Grosso modo*, o produtor, pois pode ser o importador, o próprio grossista ou outra entidade: cfr. MARTINEK/SEMLER, *op. cit.,* pp. 4 e 16.

[112] Ver, por ex., IGLESIAS PRADA, *Notas para el estudio del contrato de concesión mercantil*, in "Estudios de Derecho Mercantil en Homenagen a Rodrigo Uría", 1978 (pp. 249,ss), pp. 259,ss, MIGUEL PESTANA DE VASCONCELOS, *O contrato de franquia (franchising)*, cit., pp. 17,ss e sobretudo MARIA HELENA BRITO, *op. cit.,* pp. 131,ss, esp. 155,ss. Ver ainda PEDRO PAIS DE VASCONCELOS, *Contra-*

Contratos de Distribuição Comercial – Relatório

Assim sendo, põe-se o problema de saber que regime jurídico é de lhes aplicar. Pergunta-se, a este respeito, se será adequado recorrer ao regime legal do contrato de agência. E poder-se-á ainda questionar se não haverá um regime jurídico próprio dos contratos de distribuição.

II — Como qualquer contrato, é de atender, antes de mais, às próprias *cláusulas* acordadas pelos contraentes, desde que lícitas.

Assim como importa ter sempre presente os princípios e as regras gerais do *direito dos contratos* e do *negócio jurídico*, designadamente no tocante à formação do contrato, à capacidade dos sujeitos, à declaração negocial, ao objecto, ao cumprimento e não cumprimento e à conduta das partes[113].

Há ainda que ponderar a aplicação do regime consagrado para as *cláusulas contratuais gerais/contratos de adesão*, pois é natural que em muitos casos — "maxime" quando se pretende uniformizar as condições contratuais e de actuação dos vários distribuidores no âmbito da rede — seja esse o *modus* negocial típico e adequado da formação destes contratos.

Num outro plano, convém não esquecer o relevo que os contratos de distribuição assumem do ponto de vista da (limitação da) concorrência, pelo que há que atentar na lei da *defesa da concorrência* e, bem assim, nos dispositivos comunitários pertinentes.

---

tos atípicos, Coimbra, 1995, pp. 59,ss e 211,ss, e Rui Pinto Duarte, *Tipicidade e atipicidade dos contratos*, Coimbra, 2000, pp. 27, ss e 184,ss. Num outro plano e relativamente ao "leasing", recorde-se Diogo Leite de Campos, *Ensaio de análise tipológica do contrato de locação financeira*, no BFD, Coimbra, 1987 (a separata é datada de 1989, pp. 7,ss, 55,ss e *passim*), n.ºs 1 e 23,ss.

[113] V., por todos, C. Mota Pinto, *Teoria Geral do Direito Civil*, 3.ª ed., Coimbra, 1985, e Antunes Varela, *Das Obrigações em geral*, vol. I, 10.ª ed., Coimbra, 2000, e vol. II, 7.ª ed., Coimbra, 1997. Evidentemente que a natureza de *acto de comércio* não impede a aplicação subsidiária do direito civil, como direito privado comum ou geral, no quadro do art. 3.º do Código Comercial. A este respeito, cfr., por todos, Ferrer Correia, *Lições de Direito Comercial*, cit., n.ºs 11,ss e 14,ss.

Haverá, depois, que atender a aspectos *específicos* de cada contrato, que podem implicar a aplicação de regras *especiais*. Assim, por exemplo, no caso do contrato de franquia, envolvendo uma licença de exploração de direitos de propriedade industrial, terá o contrato — ou, pelo menos, essa cláusula — de respeitar a forma *escrita*, por força do art. 30.º, n.º 3, do Código da Propriedade Industrial; e poderá haver lugar à aplicação do Decreto-Lei n.º 383/89, de 6 de Novembro, sobre a responsabilidade objectiva do produtor, na medida em que qualquer das partes deva considerar-se "produtor", nos termos do art. 2.º, ainda que mero produtor aparente ou presumido.

Finalmente, a questão central de saber se poderá aplicar-se aos contratos de concessão e de "franchising" *o regime do contrato de agência* e, indo mais longe, saber, mesmo, se não será de considerar este regime como o regime — *tout court* — dos contratos de distribuição comercial.

III — É metodologicamente correcto, perante um contrato legalmente atípico, atender às regras dos contratos *mais próximos*, às regras daqueles contratos que tenham a sua disciplina fixada na lei e possam aplicar-se aos contratos de concessão e de "franching" *por analogia*.

Ora, a este respeito, como temos dito, de há muito entendemos ser o contrato de agência aquele cujo regime se mostra mais *vocacionado, à partida, para se aplicar ao contrato de concessão*[114]. É significativo que o Preâmbulo do Decreto-Lei n.º 178/86 dê expressamente conta da posição que põe em relevo «a necessidade de se lhe aplicar, por analogia — quando e na medida em que ela se verifique —, o regime da agência, sobretudo em matéria de cessa-

---

[114] Logo no *Anteprojecto* tomámos essa posição (cfr BMJ, n.º 360, cit., pp. 84-85, n.º 9, *c*), bem como o preâmbulo aí proposto, pp.123 e ss., esp. 125, n.º 4, último parágrafo), que com a devida prudência vimos mantendo (cfr. o nosso *Contrato de agência. Anotação*, cit., pp. 51 e 117,ss, e *Denúncia de um contrato de concessão comercial*, cit., n.º 3 e 5).

ção do contrato»[115]. É esta a posição que a jurisprudência vem adoptando[116] e se tornou dominante também na doutrina[117]. Tal como no direito comparado[118].

IV — É claro que o concessionário, do mesmo modo que o franquiado *mas ao contrário do agente*, é um comerciante que, "grosso modo", *compra para revenda* e actua *por conta e em nome próprio*. Mas isso não obsta a que, no *plano interno*, no plano das suas relações com o concedente (ou com o franquiador), o concessionário

---

[115] Preâmbulo, n.º 4, último parágrafo.

[116] Cfr., por ex., os Acórdãos do Supremo Tribunal de Justiça de 3 de Maio de 2000, de 23 de Abril de 1998, de 22 de Novembro de 1995 (CJ - Acs. STJ, ano VIII, tomo II, pp. 45,ss, ano VI, tomo II, pp. 57 e ss., e ano III, tomo III, pp. 115 e ss.), de 27 de Outubro de 1994 ("Novos Estilos/sub judice" 10, pp. 194 e ss.) e de 4 de Maio de 1993 (CJ - Acs. STJ, ano I, tomo II, pp. 78 e ss.), da Relação do Porto de 25 de Junho de 1998 e de 13 de Março de 1997 (CJ, ano XXIII, tomo III, pp. 213 e ss., e ano XXII, tomo II, pp. 196 e ss.), de 27 de Junho de 1995 (CJ, ano XX, tomo III, pp. 243 e ss., bem como na RLJ, ano 130.º, pp. 22 e ss.) e de 18 de Outubro de 1994 (CJ, ano XIX, tomo IV, pp. 212 e ss.), da Relação de Lisboa de 2 de Dezembro de 1999 (CJ, ano XXIV, tomo V, pp. 112, ss) e da Relação de Coimbra de 26 de Novembro de 1996 (CJ, ano XXI, tomo V, pp. 31,ss).

[117] MENEZES CORDEIRO (*Manual de Direito Comercial*, cit., n.ºs 206, V, 207, IV, 216, I e II, e 219, V) considera, mesmo, a agência como "*figura-matriz* dos contratos de distribuição", defendendo a aplicação do seu regime a estes contratos. No mesmo sentido, v., por ex., LACERDA BARATA, *Anotações ao novo regime do contrato de agência*, cit., pp. 86-87, COELHO VIEIRA, *O contrato de concessão comercial*, cit., pp. 140,ss, e PESTANA DE VASCONCELOS, *O Contrato de franquia*, cit., pp. 73,ss.

[118] Cfr., por ex., CANARIS, *op. cit.*, pp. 366,ss, KARSTEN SCHMIDT, *op. cit.*, pp. 769,ss, MARTINEK, *Vom Handelsvertreterrecht zum Recht der Vertriebssysteme*, in ZHR, 161, 1997, pp. 67 e ss, MARTINEK/SEMLER, *op. cit.*, p. 8, SCHWYTZ, *Vertragshändlerverträge*, 3. ed., Heidelberg, 1992, p. 7, SEMLER, *Handelsvertreter- und Vertragshändlerrecht*, München, 1988, pp. 76,ss, FRANZISKA-SOPHIE EVANS- von KRBEK, *Die Analoge Anwendung der Vorschriften des Handelsvertreterrechts auf den Vertragshändler*, Bielefeld, s/d, pp. 79,ss e 104,ss, PARDOLESI, *Contratti di distribuzione*, in EG, cit., n.º 2.6, pp. 8,ss, MARTINEZ SANZ, *Contratos de distribución comercial: concessíon e franchising*, cit., pp. 348-350, PAUL CRAHAY, *Les contrats internationaux d'agence et de concession de vente*, Paris, 1991, pp. 158,ss.

(ou o franquiado) actue de modo muito *semelhante* ao agente e cumpra a mesma *função económico-social* deste[119].

Ora, do que se trata é de saber se *a esta relação* poderá aplicar-se o regime do contrato de agência. A resposta é em princípio *afirmativa*, perante o conjunto de *notas comuns*, ainda que de *intensidade variável*, aos contratos de concessão (ou de franquia) e de agência, que permitem afirmar um *parentesco* ou *proximidade funcional* entre ambos[120].

Mas isso não basta — será também necessário averiguar, em cada caso, se *a norma* que se pretende aplicar permite uma aplicação *analógica*, o que implica ponderar se a sua *ratio* se adequa a um concessionário (ou a um franquiado).

Comecemos pelo primeiro ponto. A *colaboração* entre as partes; a *relação duradoura* que estabelecem; a *integração* na rede; a *obediência* às *instruções* e *directrizes* do dono do negócio; o *controlo* a que os distribuidores se submetem; e a *obrigação de zelar* pelos interesses do dono do negócio e de *promover* a distribuição dos seus bens e a sua *marca*, são, entre outras, notas que, em maior ou menor grau, se afiguram *comuns* aos contratos de agência, de concessão e de franquia. Por elas se *aproximam* estes contratos entre si, em maior ou menor medida, consoante a *intensidade* com que tais notas surgem, em cada caso, e por elas se pode afirmar assim uma *semelhança* tal — da concessão (e da franquia) com a agência — que *justifica* o recurso à disciplina deste contrato.

Mas isso não basta, como se disse. Ter-se-á que averiguar também, relativamente à *norma* cuja aplicação se pretende, se a *analogia* é possível, se a *ratio legis* é compatível ou se adequa a um concessionário (ou franquiado). Pois bem pode acontecer que o concessionário tenha tido funções muito semelhantes e uma actuação equiparável à de um agente mas, *apesar disso*, não possa beneficiar, *em concreto*, da aplicação de *determinada norma* da lei da agência, por *essa norma* não se ajustar ao contrato de concessão (ou

---

[119] KARSTEN SCHMIDT, *op. cit.*, p. 769.

[120] De *"Funktionsverwandtschaft"* fala, precisamente, CANARIS, *op. cit.*, p. 366.

Contratos de Distribuição Comercial – Relatório 69

de franquia). Assim, parece que o concessionário não poderá reclamar a comissão prevista para o agente exclusivo no caso de violação do direito deste[121] — tal como, de resto, nos parece difícil compatibilizar as normas sobre a comissão do agente com a actividade do concessionário, que compra para revenda, consistindo o seu benefício no lucro que obtém.

Já as normas sobre a *cessação* do *contrato de agência* nos parecem perfeitamente *adequadas* à concessão e ao franchising[122], sendo no entanto muito *discutida* a aplicação das normas sobre a *indemnização de clientela*[123].

V — O que acaba de ser dito, relativamente ao concessionário, vale também, em princípio, para o *franquiado*. A posição dominante vai nesse sentido[124].

Entre nós, apesar de faltar jurisprudência a este respeito, pode entender-se que a aplicabilidade das normas do contrato de agência ao "franchising" (dentro dos parâmetros atrás definidos para o contrato de concessão) encontra forte apoio em decisões dos nossos tribunais que consideram determinadas normas do Decreto-Lei n.º 178/86 como *"paradigmáticas"* dos contratos de cooperação — "aplicando-se, assim, analogicamente, *a todos os contratos que revistam tal natureza cooperativa ou colaborante"* —,[125] ou que o

---

[121] Art. 16.º, n.º 2, do Decreto-Lei n.º 178/86. É esta a posição de CANARIS, para o direito alemão: *op. cit.*, p. 368.

[122] E não só, podendo pensar-se em aplicá-las, em geral, a relações contratuais duradouras. MENEZES CORDEIRO sugere que o art. 28.º, sobre a denúncia do contrato de agência, se aplique analogicamente ao "factoring", entendendo que, de um modo geral, "elementos analogicamente interessantes são, ainda, os contidos no regime legal da agência, aprovado pelo Decreto-Lei n.º 178/86, de 3 de Julho": *Da cessão financeira (factoring)*, Lisboa, 1994, pp. 95 e 97.

[123] Aspectos que trataremos autonomamente: *infra*, cap. IV.

[124] Voltaremos a este ponto, *infra*, cap. III, n.º 32. Mas ver desde já autores e op. cits. *supra*, notas (117) e (118) — por todos, CANARIS, *op. cit.,* pp. 388,ss.

[125] Acórdão da Relação do Porto de 6 de Outubro de 1992: CJ, ano XVII, tomo IV, p. 250.

70 *Contratos de Distribuição Comercial – Relatório*

regime da agência "é aplicável por analogia *aos contratos de gestão em geral* (...)"[126].

Na doutrina, na mesma linha, recorde-se MENEZES CORDEIRO, que considera a agência "*a figura-matriz* dos contratos de distribuição"[127].

VI — Poder-se-á afirmar, depois do que foi dito, que há um regime jurídico *próprio* dos contratos de distribuição?

Terá de começar por observar-se que não haverá um regime jurídico *único* dos contratos de distribuição, perante a *diversidade* das espécies negociais que esta fórmula abrange. Assim, dever-se-á recorrer, *em cada caso*, às disposições legais pertinentes, sendo de considerar os problemas *específicos* de cada contrato, nos termos atrás assinalados (a franquia, por exemplo, suscita problemas de direito industrial que em princípio a agência não levanta). A *pluralidade* dos contratos de distribuição reclama um regime também *plural*.

Mas isso não impede que haja um *núcleo* ou *fundo comum* de problemas *susceptível* de ser equacionado e resolvido por um *mesmo* regime jurídico. Ora, é para esse núcleo de problemas, *à volta do qual* se "constrói" a categoria dos contratos de distribuição, que *o regime da agência* se mostra com vocação e aptidões para se afirmar como o *regime-modelo* dos contratos de distribuição.

O regime que a lei consagra para o contrato de agência afigura--se *modelar* ou *paradigmático*, traduzindo, muitas vezes, a *concretização* de *princípios gerais* válidos para todos os contratos de distribuição, pelo que bem pode atribuir-se à agência o estatuto de "*figura exemplar*"[128].

---

[126] Acórdão da Relação de Lisboa de 7 de Outubro de 1993: CJ, ano XVIII, tomo IV, p. 135.

[127] *Manual de Direito Comercial*, cit., n.ºs 206, V, e 207, IV.

[128] Assim, MENEZES CORDEIRO, *Manual de Direito Comercial*, cit., n.º 207, IV. De "*Leitbildfunktion*" do agente no seio do direito da distribuição fala, a este propósito, MARTINEK, in MARTINEK/SEMLER, *Handbuch des Vertriebsrechts*, cit., p. 8. E HOPT refere expressamente o papel de modelo ou padrão (*Muster*) do regime da agência para intermediários e sistemas de distribuição semelhantes: cfr. KLAUS HOPT, *Handelsverterrecht. §§84 – 92 c, 54, 55 HGB mit Materialien*, 2.ª ed., MÜNCHEN, 1999, p. 15.

A lei disciplina um determinado *tipo de actuação*, cujo *expoente máximo* — ou *exemplar* — é o *agente*, mas sem prejuízo de abranger *outros distribuidores*, exactamente *na medida* em que a sua actuação se *aproxime* ou *equipare*, nos termos assinalados, à do agente.

Por isso *não é automática* a aplicação do regime da agência aos contratos de distribuição, antes terá de efectuar-se, como explicámos, através da *analogia*. Mas a agência é a via adequada para este efeito, o que é especialmente importante no capítulo da cessação do contrato.

19. Categoria jurídica

I — Pode igualmente perguntar-se se os contratos de distribuição formam uma *categoria jurídica*, ou se, pelo contrário, se está perante uma mera fórmula, uma simples expressão, porventura com relevo económico mas sem significado jurídico próprio, tantas são as diferenças que separam as várias modalidades contratuais que ela abrange[129].

II — É certo que podemos desde logo distinguir os contratos em que o distribuidor suporta o *risco* da comercialização — que o produtor *transfere*, assim, para o distribuidor: casos, por exemplo, do concessionário e do franquiado — daqueles em que isso não se verifica, mesmo que a transmissão dos bens opere através de intermediários: casos do agente e do comissário.

Assim como podemos distinguir os contratos em que o distribuidor actua *por conta própria e em nome próprio* — casos do concessionário e do franquiado, entre outros —, daqueles em que o distribuidor actua *por conta da outra parte*: casos do agente e do comissário, actuando o primeiro, mas já não o segundo, também em nome da outra parte.

---

[129] Posição assumida por SANTINI, *Commercio* (I- *Disciplina privatistica*), in EG, VII, Roma, 1988, p. 2.

E podemos ainda, com base em outro critério (o da *aquisição*, ao menos em regra, da *propriedade* dos bens distribuídos), distinguir os contratos em que o distribuidor *compra para revenda* — casos do concessionário e do franquiado, designadamente — daqueles em que o distribuidor se limita a *negociar* e, por vezes, a *concluir* ele próprio os negócios relativos a bens que não lhe pertencem.

Tudo isto leva a distinguir, afinal, o contrato de agência dos contratos de concessão e de "franchising", designadamente, podendo, nesta linha, ser-se tentado a *reservar* para estes o qualificativo de contratos de distribuição. Mas o ponto não seria pacífico, ainda assim, pois sempre poderia duvidar-se da *inteira* adequação do "franchising" a tal categoria ou, pelo menos, de certas *modalidades* de "franchising". O que implicaria uma *restrição* ainda *maior*: só o contrato de concessão comercial justificaria ser qualificado como contrato de distribuição.

III — Pode, no entanto, duvidar-se de tal atitude. E acreditar que, apesar das diferenças assinaladas, há um conjunto de *notas essenciais, comuns* a todos esses contratos[130], que permitem reuni--los numa mesma *categoria jurídica*[131].

---

[130] E que já mencionámos no n.º anterior: n.º 18, IV.

[131] Para o direito alemão, ver sobretudo MARTINEK, *Aktuelle Fragen des Vertriebsrechts*, 3.ed., Köln, 1992, pp. 18,ss, bem como MARTINEK/SEMLER, *Handbuch des Vertriebsrechts*, cit., p. 5-6, 9,ss, 47,ss e 61 ss, e KARSTEN SCHMIDT, *op. cit.*, pp. 705,ss e 754,ss. Para o direito italiano, cfr., por ex., VINCENZO ROPPO, *I contratti della distribuzione integrata. Appunti*, in "Economia e diritto del terziario", n.º 1, 1994, pp. 177,ss, PARDOLESI, *I contratti di distribuzione*, cit., pp. 279,ss e 285,ss, bem como, do mesmo autor, o seu estudo in EG, cit., n.ºs 1.2 e 1.6, além de BALDI, *Il contratto di agenzia*, cit., p. 83, e CAGNASSO, *op. cit.*, p. 381. Ver ainda, no direito espanhol, MARTINEZ SANZ, *Contratos de distribución comercial: concesión y franchising*, cit., pp. 345,ss e, *Idem, La indemnizacion por clientela en los contratos de agencia y concession*, 2.ª ed., Madrid, 1998, pp. 28,ss; CRISTINA PELLISÉ de URQUIZA, *Los contratos de distribución comercial*, Barcelona, 1999, pp. 29,ss; no direito francês, cfr. sobretudo MATINE BEHAR-TOUCHAIS/GEORGES VIRASSAMY, *Les contrats de la distribution*, no *Traité des contrats* de JACQUES GHESTIN, Paris, 1999, p. 1,ss, 9,ss, 336,ss, 455,ss, 782,ss e *passim*, e DIDIER FERRIER, *Droit de la distribution*, Paris, 1995, pp. 18,s e *passim*.

Contratos de Distribuição Comercial – Relatório 73

A nota fundamental reside na obrigação de o distribuidor *promover* os negócios da outra parte. Essa é a obrigação *fundamental do agente*, que o art. 1.° do Decreto-Lei n.° 178/86 expressamente consagra[132] — mas essa é também uma obrigação fundamental dos contratos de *concessão* e de *franquia*, ela é também *uma obrigação fundamental dos contratos de distribuição*[133].

No cumprimento dessa obrigação — *comum a todos* os distribuidores —, deve o agente, tal como o concessionário ou o franquiado, *zelar pelos interesses da outra parte*. Essa obrigação, que o diploma legal da agência prevê expressamente (art. 6.°), é uma obrigação *fundamental* de *todos* os contratos de distribuição. É por aí — pelo cumprimento desse *Interessenwahrungspflicht*[134] — que se cumpre a função *económico-social* dos contratos de distribuição (a sua *causa*, "hoc sensu")[135] e se afirma a sua *identidade*, é por aí, por essa *Interessenbindung*[136], que se distingue o distribuidor do comerciante tradicional. A este propósito, afirma-se na doutrina e jurisprudência alemãs, para qualquer destes contratos, a natureza de *Geschäftsbesorgungsvertrag*, de contratos de gestão de interesses alheios[137].

De igual modo se verifica que todos os distribuidores são *juridicamente independentes* da outra parte — mas todos eles *recebem instruções* desta, aceitam as suas *orientações de política comercial*, sujeitam-se ao seu *controlo* e *fiscalização*, em ordem à sua (maior

---

[132] V. *infra*, n.° 22.1.

[133] V. especialmente PARDOLESI, *I contratti di distribuzione*, cit., pp. 285,ss.

[134] MARTINEK, in MARTINEK/SEMLER, *Handbuch des Vertriebsrechts*, cit., p. 6. V. também, por ex., KARSTEN SCHMIDT, *Handesrecht*, cit. pp. 755-756.

[135] Cfr. ANTUNES VARELA, *Contrato de leasing*, in ORLANDO GOMES/ANTUNES VARELA, *Direito Econômico*, São Paulo, 1977 (pp. 269,ss), p. 275.

[136] CANARIS, *Handelsrecht*, cit., p. 362.

[137] Cfr. sobretudo CANARIS, *Handelsrecht*, cit. pp. 362,ss e 380,ss, MARTINEK/SEMLER, *Handbuch des Vertriebsrechts*, cit., pp. 9,ss, 73,ss e 82,ss (problemática no "franchising" da 3.ª geração), e para maiores desenvolvimentos ULMER, *Der Vertragshändler*, cit., pp. 264,ss. Sobre o *Geschäftsbesorgungsvertrag*, v. §§ 675 e 611 do BGB e, por ex., JAUERNIG/VOLLKOMMER, *Bürgerliches Gesetzbuch*, 4.ª ed., München 1987, p. 755, bem como LARENZ, *Lehrbuch des Schuldrechts*, Band II, *Besonderer* Teil, Halbband 1, 13.ª ed., München, 1986, pp. 408,ss.

ou menor) *integração* em determinada *rede* comercial. Há assim uma relação de *colaboração* (mais ou menos) intensa e *duradoura*, através da qual se distribuem bens de *marca*, se *promovem* os negócios da outra parte e se defendem os seus *interesses* e os da *rede* em que o distribuidor se *integra*.

IV — Parece, em suma, que será de afirmar, relativamente aos contratos de distribuição, que a obrigação de *promover* os negócios da outra parte é susceptível de realizar-se de *modo diferente:* através de uma actividade de mera negociação, que pode abranger a própria celebração dos contratos, como na agência; ou pela compra, para revenda, dos bens do produtor. *Em qualquer dos casos*, porém, há uma *ligação anterior e mais ampla* entre as partes, que não se esgota nem termina com qualquer destes actos singulares, há uma estreita *colaboração* e *dependência* em ordem a uma (maior ou menor) *integração* do distribuidor em determinada rede comercial.

Se atentarmos na *noção* do contrato de agência consagrada no art. 1.º do Decreto-Lei n.º 178/86, podemos verificar que há aí elementos essenciais que são *comuns* a todos os contratos de distribuição: a obrigação de *promover* os negócios da outra parte, através de uma actividade *onerosa*, exercida com *autonomia* e *estabilidade*[138].

Diferem, nos termos já referidos, quanto a outros aspectos; mas esse *traço distintivo*, relativamente a cada *espécie* singular, não apaga aquele *fundo comum* nem parece suficiente para recusar a inclusão numa mesma *categoria*, a categoria dos *contratos de distribuição*. A qual tem como *referente* a *"figura exemplar"* do contrato de *agência*, cujas regras poderão servir de *suporte* para uma *"teoria geral"* dos contratos de distribuição[139].

---

[138] CANARIS, *op. cit.*, pp. 363 e 383, adopta uma postura semelhante, ao recorrer ao § 84,I, do Código Comercial alemão (HGB), onde se define o agente, para apresentar as noções de concessionário e de franquiado, respectivamente.

[139] De novo MENEZES CORDEIRO, *Manual de Direito Comercial*, cit., n.º 207, IV.

Contratos de Distribuição Comercial – Relatório

É claro que as notas comuns aos vários contratos de distribuição têm *intensidade diversa*, pelo que a aproximação de cada um ao *modelo* da agência é *variável*, consoante o *grau*, maior ou menor, por que elas se afirmam em cada caso[140]. E pode até acontecer que nem sempre se verifiquem *todas* essas notas. Mas isso não nos impedirá de considerar uma *"categoria" jurídica* de contratos de distribuição, recorrendo, com Canaris, a um pensamento *tipológico* e no quadro de um *sistema móvel*[141].

Trata-se, assim, de privilegiar uma compreensão dos contratos de distribuição na sua complexidade, através da *imagem global* formada pelos vários elementos *em conjunto*. Não se exige, em cada caso, a presença simultânea de todos os elementos considerados essenciais (processo de subsunção referido ao "conceito"), antes importa apurar *o grau de intensidade* com que esses elementos se apresentam e a *imagem global* que deles resulta.

Já atrás nos referimos a esses elementos *característicos* dos contratos de distribuição. Importa observar, todavia, que o recurso a

---

[140] Cfr., por ex., Martinek/Semler, *op. cit.*, p. 47.

[141] Neste sentido, ainda que para o contrato de concessão, Canaris, *Handelsrecht*, cit., pp. 366-367. As referências fundamentais são aqui Wilburg, *Entwicklung eines beweglichen Systems im bürgerlichen Recht*, Graz, 1950, e Canaris, *Pensamento Sistemático e Conceito de Sistema na Ciência do Direito*, trad. port. de Menezes Cordeiro, Lisboa, 1989, pp. 127,ss. Mas ver também Larenz, *Metodologia da Ciência do Direito*, 2.ª ed., trad. port. de José Lamego (da 5.ª ed. alemã), Lisboa, 1989, pp. 572,ss, Larenz/Canaris, *Methodenlehre der Rechtswissenschaft*, 3.ed., Berlin, Heidelberg, New York, 1995, pp. 265, 290, 298 ss, e 306-307 e De Nova, *Nuovi contratti*, Torino, 1990, pp. 10,ss. Entre nós, ver ainda Menezes Cordeiro, *Da Boa Fé no Direito Civil*, II, Coimbra, 1984, pp. 1258,ss, Orlando de Carvalho, *Critério e estrutura do estabelecimento comercial*, Coimbra, 1967, pp. 835,ss, Castanheira Neves, *A unidade do sistema jurídico: o seu problema e o seu sentido*, sep. dos "Estudos em Homenagem ao Prof. Doutor Teixeira Ribeiro", Coimbra, 1979, pp. 80,ss (agora também em *Digesta*, 2.º, Coimbra, 1995, pp. 109,ss), Pedro Pais de Vasconcelos, *Contratos atípicos*, cit., pp. 21,ss, Rui Pinto Duarte, *Tipicidade e atipicidade dos contratos*, cit., pp. 30,ss e 96,ss, e Luis Menezes Leitão, *O enriquecimento sem causa no direito civil*, Lisboa, 1996, pp. 964,ss.

um "sistema móvel" não nos leva, em relação à agência, legalmente definida no art. 1.º do Decreto-Lei n.º 178/86, a prescindir de qualquer dos seus elementos essenciais[142].

Para concluir, dir-se-á que os vários tipos de contratos de distribuição (agência, concessão e franquia, designadamente) podem ser colocados, no seu conjunto, em diversas *linhas de tipos* (*"Typenreihe"*), o que releva quanto ao valor que tal linha de tipos apresenta para a apreensão da *relação "interna" de sentido* entre as diversas regulamentações (cada conjunto de regulamentação forma um tipo), fazendo avultar o que é comum e o que é diferente[143].

---

[142] Estamos assim com CANARIS, ao rejeitar a possibilidade de um tratamento, em "termos móveis", de previsões legalmente estabelecidas, ao contrário do que defende F. BYDLINSKI, in *Das bewegliche System im geltenden und künftigen Recht*, 1986, p. 36. Cfr. LARENZ/CANARIS, *Methodenlehre der Rechtswissenschaft*, cit., p. 307 e nota 99.

[143] Expliquemo-nos um pouco melhor. Os tipos de contratos de distribuição a que nos referimos são "tipos de estrutura jurídicos" (*"rechtliche Strukturtypus"*: LARENZ/CANARIS, *Methodenlehre der Rechtswissenschaft*, cit., p. 295) que podem ser colocados numa "linha de tipos" (*Typenreihe*) segundo as suas diversas características. É, assim, possível que um contrato concreto apresente traços de um e de outro, colocando-se nessa linha entre dois tipos (por ex., entre a agência e a concessão). O valor da formação de "séries" ou "linhas de tipo" é, justamente, o de permitir determinar imediatamente a colocação de cada forma concreta em relação a cada "tipo de estrutura jurídica" (*op. cit.*, pp. 298,ss, esp. 301). Por outro lado, a forma de pensamento tipológico apresenta semelhanças com a de "sistema móvel" (*op. cit.*, p. 298), que aplicamos também à própria categoria de "contratos de distribuição" (dentro da qual encontramos uma "série" ou "linha de tipos" contratuais).

CAPÍTULO III

MODALIDADES DOS CONTRATOS DE DISTRIBUIÇÃO

20. Sequência

Vamos considerar *apenas* os contratos de agência, de concessão e de franquia.

Sublinhamos *apenas*, porque eles *não esgotam* as modalidades possíveis de contratos de distribuição. Constituem, em todo o caso, as espécies mais frequentes e de maior relevo na actualidade. Mas isso não impede que refiramos outras modalidades, ainda que tão-só *en passant* ou no contexto da sua delimitação perante as figuras a que se dedica mais espaço, designadamente os contratos de comissão, de mediação, de distribuição autorizada e de distribuição selectiva. E nada obsta a que as partes celebrem, mesmo, "contratos atípicos de distribuição"[144].

---

[144] MENEZES CORDEIRO, *Manual de Direito Comercial*, cit., n.º 206, V.

SECÇÃO I

CONTRATO DE AGÊNCIA

21. Noção

I — A lei define o contrato de agência em conformidade com as notas por que a jurisprudência e a doutrina nacionais o iam já configurando[145]. Notas que exprimem a *função económico-social* deste contrato[146].

---

[145] Ainda recentemente o Supremo Tribunal de Justiça, no seu Acórdão de 9 de Novembro de 1999 (in RLJ ano 133.º, pp. 124,ss), lembrou isso mesmo: "o art. 1.º do DL n.º 178/86 veio dar do contrato de agência uma noção muito próxima da já antes aceita na doutrina e na jurisprudência". No mesmo sentido, ver ainda, por ex., o Acórdão da Relação de Lisboa de 7 de Outubro de 1993 (in CJ, ano XVIII, 1993, pp. 133,ss).

Na doutrina, sublinhando a mesma nota, cfr. BAPTISTA MACHADO, *"Denúncia-modificação" de um contrato de agência*, cit., p. 183: "curioso será verificar como a jurisprudência e a doutrina foram convergindo em direcção a determinadas soluções hoje consagradas no referido diploma legal". Escusado será dizer que se tratou de uma opção deliberada, de uma opção de política legislativa que se afigurou ser a mais correcta: cfr. ANTÓNIO PINTO MONTEIRO, *Contrato de agência (Anteprojecto)*, cit., n.º 7, com indicações relativas à jurisprudência e à doutrina anteriores ao Decreto-Lei n.º 178/86.

[146] Pode ver-se ANTÓNIO PINTO MONTEIRO, *Contrato de agência (Anteprojecto)*, cit., n.ºs 5 e ss. Em conformidade com a nossa tradição em termos de técnica legislativa, a lei disciplina directamente o *contrato* de agência e não a actividade do *agente*; outra foi, porém, a postura do legislador comunitário, na Directiva em apreço, na esteira da atitude de há muito tomada pelo Código Comercial alemão (§ 84), que regulam a situação a partir do agente, isto é, sob o ponto de vista subjectivo.

O art. 1.º do Decreto-Lei n.º 178/86, de 3 de Julho, que define o contrato de agência, tem por fonte mais próxima o art. 1742 do *Codice Civile* italiano. Mas a noção inicial foi ligeiramente modificada pelo Decreto-Lei n.º 118/93, de 13 de Abril, por força da Directiva 86/653/ /CEE, de 18 de Dezembro, sobre o agente comercial. Tal modificação traduziu-se no facto de a atribuição ao agente de uma zona ou círculo de clientes ter deixado de ser elemento essencial do contrato.

II — Não se pode recuar muito no tempo, se quisermos indagar das origens históricas do contrato de agência. Ele remonta ao século XIX, é fruto, como já sabemos, da evolução económica e industrial[147].

III — No plano do direito comparado, registe-se que foi o Código Comercial alemão (1897) a primeira lei no mundo a ocupar- -se do agente comercial (§§ 84 a 92). Entretanto, para além de outras alterações pontuais, são especialmente de tomar em conta as reformas de 1953 e de 1989[148].

---

[147] Cfr., supra, n.º 13. Por todos, pode ver-se KARSTEN SCHMIDT, *Handelsrecht*, cit., pp. 725-726. Sublinhando a importância da feitoria e o papel que, entre nós, ela poderia ter tido na moderna técnica de distribuição, MENEZES CORDEIRO, *Manual de Direito Comercial*, cit., n.º 207.

[148] Sobre o ponto, v., por ex., além dos manuais de CANARIS, *Handelsrecht*, cit., pp. 317, ss, de KARSTEN SCHMIDT, *Handelsrecht*, cit., pp. 719,ss, de HANS BROX, *Handelsrecht und Wertpapierrecht*, 14.ªed., München, 1999, pp. 103,ss, e de THOMAS PFEIFFER, *Handbuch der Handelsgeschäfte*, Köln, 1999, pp. 563,ss, os importantes estudos de HOPT, *Handelsvertreterrecht*, cit., pp. 13,ss, de FLOHR, in MARTINEK/SEMLER, *Handbuch des Vertriebsrechts*, cit., pp. 169,ss, de RICHARD ALFF, *Handelsvertreterrecht*, 2.ª ed., Köln, 1983, pp. 16,ss, e de WOLFRAM KÜS-TNER, *Das neue Recht des Handelsvertreters*, 3.ª ed., Stuttgart, München, Hanno-ver, Berlin, Weimar, Drusden, Boorberg, 1997, pp. 9,ss e 14,ss, bem como, ainda, em Comentários ao Código Comercial alemão, os trabalhos de v. HOYNINGEN-HUENE, in *Münchener Kommentar zum Handelsgesetzbuch*, Band 1, Erstes Buch, § 31-104, München, 1996, pp. 929,ss, de KÜSTNER, in RÖHRICHT/GRAF VON WES-TPHALEN, *Handelsgesetzbuch. Kommentar*, Köln, 1998, pp. 722, ss, de WERNER RUB, in *Heidelberger Kommentar zum Handelsgesetzbuch*, 5.ª ed., Heidelberg, 1999, pp. 261,ss e de WULF-HENNING ROTH, in KOLLER/ROTH/MORCK, *Handels-gesetzbuch. Kommentar*, 2.ª ed., München, 1999, pp. 193,ss.

80 *Contratos de Distribuição Comercial – Relatório*

As razões que estiveram na base da reforma de 1953 devem-se, sobretudo, à necessidade de definir com rigor o círculo de pessoas abrangido pela lei (passando o *Handelsvertreter* a substituir o primitivo *Handlungsagent*) e a um desejado acréscimo de protecção social do agente (foi revisto o regime da comissão e introduzido o importantíssimo direito à indemnização de clientela: *Ausgleichsanspruch*).

O § 84 do HGB define o *Handelsvertreter* como "aquele que, agindo como profissional independente (*als selbständiger Gewerbetreibender*), é encarregado de modo permanente de servir de intermediário nos negócios, por conta de outro empresário (*Unternehmer*), ou de os concluir em nome deste". A norma acrescenta ser independente "quem, no essencial, organiza livremente a sua actividade e pode determinar o seu tempo de trabalho".

Consoante o *Handelsvertreter* esteja, ou não, habilitado a concluir, ele próprio, os negócios, assim se distingue o *Abschlussvertreter* do *Vermittlungsvertreter*.

O agente distingue-se do mediador (*Handelsmakler*), do comissário (*Kommissionär*), do concessionário (*Vertragshändler*) e do franquiado (*Franchisenehmer*), assim como dos trabalhadores dependentes que, apesar de se entregarem a tarefas semelhantes às do agente, estão juridicamente subordinados ao empresário (*Handlungsgehilfen*).

Já o *Kommissionsagent* surge como uma figura híbrida, na medida em que, tal como o *comissário*, actua por conta do comitente e em seu próprio nome, comungando, porém, das características de um *agente*, em virtude de a sua actuação não ser pontual, antes surgir no contexto de uma relação duradoura com o empresário. Assim, a relação externa, com terceiros (*Außenverhältnis*), é disciplinada pelo regime do contrato de comissão, ao passo que a relação interna, entre o "Kommissionsagent" e o principal (*Innenverhältnis*), beneficiará da aplicação analógica das regras da agência.

Finalmente, quanto à alteração de 1989, ela foi motivada pela necessidade de transpor a Directiva comunitária. As alterações foram poucas, contudo, até porque a Directiva foi ela própria muito influenciada pelo direito alemão.

Relativamente ao direito italiano, o *contratto di agenzia* é regulado pelo *Codice Civile* (arts. 1742-1753), devendo estas normas ser completadas com a regulamentação estabelecida em acordos económicos colectivos[149].

À parte a fugaz e discutida alusão à relação de agência no Código de Comércio de 1882, foi o projecto de Vivante, de 1920, em sede de preparação da reforma daquele Código, a fornecer a primeira definição jurídica do agente de comércio. Mas só com o *Codice Civile* de 1942 é que o agente adquiriu verdadeira individualidade jurídica, regulando este diploma, em termos rigorosos, o contrato de agência. Entretanto, à parte outras alterações pontuais, é de salientar a reforma operada pelo Decreto Legislativo n. 303, de 10 de Setembro de 1991, que transpôs a Directiva comunitária sobre o agente comercial[150].

O art. 1742 define a agência como o contrato em que "uma parte assume estavelmente o encargo de promover, por conta da outra, mediante retribuição, a conclusão de contratos numa zona determinada". A lei destaca a finalidade essencial deste contrato —

---

[149] É esta uma das peculiaridades do direito italiano sobre a agência e traduz uma influência, que se arrasta, do direito do trabalho. Por outro lado, também o ENASARCO ("Ente Nazionale di Assistenza Agenti e Rappresentanti") contribui(a) para um regime de intervenção administrativa algo singular. Pode ver-se, por ex., BALDI, *Il contratto di agenzia*, cit., pp. 19,ss, 25,ss e 301,ss AUGUSTO BALDASSARI, *I contratti di distribuzione. Agenzia, mediazione, concessione di vendita, franchising*, Padova, 1989, pp. 3,ss e 331,ss; GIORGIO GHEZZI, *Del contratto di agenzia*, cit., pp. 1,ss; VINCENZO CERAMI, *Agenzia (contratto di)*, in ED, I, pp. 870,ss; ALDO FORMIGGINI, *Agenzia (contratto di)*, in NDI, I, pp. 400,ss; e os vários trabalhos incluídos na obra colectiva *Il rapporto di agenzia. Profili di diritto interno e comunitario*, Rimini, 1989, *passim*.

[150] Diploma que sofre de várias imperfeições técnicas, a maior das quais será a que consta da redacção actual do art. 1751, parecendo resultar desta norma — contrariamente ao que dispõe a Directiva e em oposição à própria *ratio* da medida — que para a indemnização de clientela ser atribuída bastaria que o seu pagamento fosse equitativo, tendo designadamente em conta as comissões que o agente perde. Ver, a propósito, o nosso *Sobre a protecção do agente comercial no direito português e europeu*, cit., pp. 109-110.

promoção de negócios —, sem obstar a que ao agente possam ser atribuídos poderes de representação, que o habilitem a concluir, ele próprio, os contratos (*agente con rappresentanza*).

O agente distingue-se tanto dos *viaggiatori* e *piazzisti* (viajantes e pracistas, consoante a área de actividade), que não passam de trabalhadores dependentes da empresa para a qual trabalham, como dos outros auxiliares autónomos e distribuidores independentes (*mediatore, commissionario, concessionario, franchisee*).

Quanto ao direito francês, importa distinguir o *agent commercial* dos denominados V.R.P. (*voyageurs, représentants et placiers*, também designados como "représentants de commerce")[151].

Os V.R.P. situam-se entre os trabalhadores assalariados, gozando, no entanto, de uma autonomia relativa (são *"salariés de droit spécial"*) e competindo-lhes proceder à difusão dos bens e à recolha de encomendas. São pessoas singulares a quem cabe fazer a prospecção da clientela, tendo em vista a obtenção de notas de encomenda, de modo pessoal, constante e exclusivo, num sector ou para uma clientela determinada, mediante o pagamento de uma comissão. Intervêm por conta e em nome da empresa que os emprega, junto de uma clientela que procuram ligar àquela.

Inicialmente, tinham a qualidade de profissionais independentes; mas uma lei de 18 de Julho de 1937 conferiu-lhes um estatuto laboral especial — razão por que os V.R.P. são também conhecidos por *représentants statutaires* — e reconheceu-lhes um direito "sur la clientèle crée", tendo esse estatuto especial sido alargado por uma

---

[151] Ver, entre outros, por ex., DIDIER FERRIER, *Droit de la distribution*, cit., esp. pp. 39,ss e 72,ss; BEHAR-TOUCHAIS/G. VIRASSAMY, *Les contrats de la distribution*, cit., pp. 181,ss; SERNA, *Agent commercial*, in Rep DCom Dalloz, tome I, Paris, 1972; SUZANNE DURETESTE, *Représentant de commerce*, in Rep DCom Dalloz, tome V, Paris, 1988 ; o *Juris-Classeur Commercial, Ventes commerciales*, II (com vários artigos de interesse); o *Lamy Droit Économique – Concurrence, distribution, consommation*, cit., pp. 1075,ss e 1109,ss (n.ºs 4802,ss e 5001,ss, respectivamente); e o *Mémento Pratique Francis Lefebvre*, cit., pp. 420, ss (n.ºs 1256,ss).

lei de 6 de Março de 1957 e entretanto inserido nos arts. L–751-1 a L–751-15 do Código do Trabalho.

O contrato de agência propriamente dito foi tradicionalmente considerado pela jurisprudência francesa como *"mandat d'intérêt commun"*, tendo esta construção sido consagrada pelo Decreto n.º 58-1345, de 23 de Dezembro de 1958. Actualmente, esta matéria é regulada pela Lei n.º 91-593, de 25 de Junho de 1991 (que transpôs a Directiva comunitária), a qual mantém os traços essenciais que vinham já de 1958 e, assim, a dita "tradição francesa", tendo sido reforçada a protecção do agente.

De acordo com o art. 1.º desta lei, o agente comercial é "um mandatário que, a título de profissão independente, sem estar ligado por contrato de trabalho (*louage de services*), é encarregado de modo permanente de negociar e, eventualmente, de concluir contratos de compra e venda, de locação ou de prestação de serviços em nome e por conta de produtores, industriais, comerciantes ou de outros agentes comerciais".

Trata-se de uma noção em conformidade com a Directiva e com a generalidade das legislações europeias. O agente distingue-se dos *courtiers* (mediadores), dos *commissionnaires*, dos *concessionnaires* e dos *franchisés*.

Finalmente, num mero *aceno* a outros direitos (que normalmente exercem menor influência sobre o nosso)[152], mencione-se,

---

[152] Para uma análise (em geral actualizada) da situação nos direitos dos vários Estados da União Europeia e da Suíça, aconselha-se GRAF VON WESTPHALEN, *Handbuch des Handelsvertreterrechts in EU-Staaten und der Schweiz*, Köln, 1995, *passim* (em relação a Portugal, *Handelsvertreterrecht in Portugal*: pp. 975,ss). Menos actual, mas também numa visão de conjunto, cfr. *Commercial agency and distribution agreements. Law and pratice in the member States of the EC and the EFTA*, ed. BOGAERT/LOHMANN, 2.ª ed, London, 1993. Limitado aos direitos alemão, belga, francês, italiano, holandês e luxemburguês, v. o estudo fundamental de AXEL DE THEUX, *Le droit de la représentation commerciale*, Bruxelles, tomo I, 1975, tomo II, vol. I, 1977, e tomo II, vol. II, 1981. Numa perspectiva internacional, incluindo os Estados Unidos da América, v. PAUL CRAHAY, *Les contrats internationaux d'agence et de concession de vente*, cit., *passim*.

84 Contratos de Distribuição Comercial – Relatório

em Espanha, a Lei 12/1992, de 27 de Maio, que transpôs a Directiva e regulou, pela primeira vez, o contrato de agência[153], e o sistema inglês, onde a *law of agency* tem particularidades muito próprias, tendo a necessidade de transpor a Directiva levado o Reino Unido a disciplinar por via legal, pela primeira vez, as relações do principal com o agente[154].

IV — A já mencionada Directiva 86/653/CEE, do Conselho, de 18 de Dezembro de 1986, culminou um processo que se arrastou ao longo de 10 anos[155].

É de 17 de Dezembro de 1976 o primeiro projecto da Comissão, que viria a ser modificado em 1979 e fortemente influenciado pelo direito alemão, o que suscitou objecções, especialmente da França e da Grã-Bretanha.

---

[153] Na doutrina espanhola, ver, especialmente, MARTÍNEZ SANZ/MONTIANO MONTEAGUDO/FELIP PALAU RAMÍREZ, *Comentario a la ley sobre contrato de agencia*, Madrid, 2000; FRANCISCO MERCADAL VIDAL, *El contrato de agencia mercantil*, Zaragoza, 1998; e EDUARDO ORTEGA PRIETO, *El contrato de agencia*, Madrid, Barcelona, Bilbao, s/d. Pode ainda consultar-se, em obras gerais, por ex., RODRIGO URÍA, *Derecho Mercantil*, 21.ª ed., Madrid, 1994, pp. 681,ss, e MANUEL BROSETA PONT, *Manual de Derecho Mercantil*, 9.ª ed., Madrid, 1991, pp. 478,ss.

[154] Essa tarefa coube ao diploma sobre *The Commercial Agents (Council Directive) Regulations 1993,* de 7 de Dezembro de 1993 (*Statutory Instruments* 1993 n.º 3053). Tratou-se, em boa medida, de uma transcrição literal da Directiva, com a surpreendente consagração, em simultâneo, dos sistemas alemão e francês da indemnização de clientela! A tradição do *common law*, nesta matéria, é bem diversa da tradição dos direitos continentais, tendo a *law of agency* um sentido diferente e mais amplo, abrangendo a relação entre duas pessoas, segundo a qual uma delas, o *agent*, recebe a qualidade de representante da outra, o *principal*, em termos de a primeira poder afectar, perante terceiros, a posição jurídica da segunda, mediante a celebração de contratos ou a disposição de bens. Cfr., por ex., sobre a situação actual do contrato de agência, PATRICIA WADE/BERND MEYER-WITTING, *Handelsvertreterrecht in England*, in GRAF VON WESTPHALEN, *Handbuch*, cit., pp. 325,ss; e sobre a *law of agency*, em geral, por todos, G. H. TREITEL, *The law of contract*, 9.ª ed., London, 1995, pp. 622,ss.

[155] A Directiva foi publicada no Jornal Oficial das Comunidades Europeias n.º L 382/17, de 31 de Dezembro de 1986 (o seu texto pode consultar-se no nosso *Contrato de agência. Anotação*, cit., em Apêndice: pp. 139,ss).

Mas as primeiras preocupações da Comunidade recuam já ao início dos anos 60, quando a Comissão enviou aos 6 Estados membros da época um questionário sobre a situação dos agentes comerciais e dos "representantes assalariados", seguido, em 1968, de um documento de trabalho "relativo à harmonização dos direitos dos Estados membros no que concerne a certos aspectos da representação comercial".

A Directiva entretanto aprovada visa, essencialmente, três objectivos: garantir a igualdade de condições no plano da *concorrência* entre os Estados membros; *proteger* o agente comercial; e contribuir para a *segurança* das relações comerciais. Adicionalmente, poder-se-á ver nela um forte apoio para a construção de um "direito privado europeu" ou de um "direito europeu dos contratos", pelo significado e importância da matéria que regula. Mas os resultados obtidos pela Directiva foram modestos.

Em primeiro lugar, pese embora a Directiva tenha tido o propósito de reduzir as diferenças existentes entre as legislações nacionais, esse propósito só em parte foi alcançado (atente-se, desde logo, no limitado campo de aplicação da Directiva, restrita à compra e venda de mercadorias: art. 1.º, n.º 2), permanecendo muitas das diferenças já existentes no direito interno de vários países. Ficam assim prejudicadas — *et pour cause* — algumas das finalidades da Directiva, designadamente ao nível da harmonização das condições de concorrência e da simplificação e segurança das operações comerciais no mercado comum.

Em segundo lugar, essa *limitada* harmonização conseguida pela Directiva resulta dela mesma, quer porque foi *omissa* em relação a vários problemas, deixando assim inteiramente livre o legislador interno de cada Estado (é o que sucede, por ex., com a cláusula "del credere" ou com o problema da protecção dos clientes), quer porque, em vários casos, a Directiva consagra *soluções alternativas*, permitindo aos Estados membros *optarem* por uma ou outra solução (o exemplo mais importante e esclarecedor é o art. 17, respeitante à indemnização do agente após a cessação do contrato, tendo a Directiva optado por uma *posição de compromisso* entre o *modelo alemão* e o *modelo francês*).

Importa todavia observar, por último, em abono da Directiva, que apesar das suas deficiências e incompletude e, por isso, de ter ficado *aquém* do que seria desejável, ela aproxima as legislações dos Estados membros em alguns dos aspectos mais complexos e de maior significado e alcance prático, sobretudo no que diz respeito à *protecção do agente*. Isso explica que a Directiva dedique especial atenção à *retribuição* do agente e aos direitos deste no momento da *cessação do contrato*, ou seja, àqueles aspectos em que era mais imperioso intervir a fim de proteger o agente[156].

22. Elementos essenciais

O art. 1.º do Decreto-Lei n.º 178/86, ao consagrar a noção do contrato de agência, fá-lo enunciando os seus *elementos essenciais*. A análise destes elementos permitirá *identificar* o contrato de agência e compreender melhor a sua *função económico-social*, ao mesmo tempo que nos levará a percorrer parte importante do diploma legal, onde se desenvolvem ou explicitam soluções em harmonia com tais elementos. É o que passamos a fazer.

22.1. Obrigação de o agente promover a celebração de contratos

I — É esta a obrigação fundamental do agente[157]. Envolve toda uma complexa e multifacetada *actividade material*, de prospecção

---

[156] A respeito da Directiva, para além das obras e artigos sobre o contrato de agência posteriores à sua publicação (que em regra lhe fazem sempre referência, mais ou menos desenvolvida, mais ou menos autonomizada: cfr., por ex., GRAF von WESTPHALEN, *Handbuch des Handelsvertreterrechts*, cit., pp. 1, ss, BALDI, *Il contratto di agenzia*, cit., pp. 551,ss, e MERCADAL VIDAL, *El contrato de agencia mercantil*, cit., pp. 201,ss), v. especialmente: AXEL DE THEUX, *Le statut européen de l'agent commercial. Approche critique de droit comparé*, Bruxelles, 1992. Para uma apreciação da Directiva e do seu conteúdo pode ainda ver-se o nosso *Sobre a protecção do agente comercial no direito português e europeu*, cit., *passim*.

[157] E não só do agente, pois esta obrigação é *típica* dos contratos de *distribuição*, é ela — ainda que não apenas ela — que permite equiparar, *mutatis*

Contratos de Distribuição Comercial – Relatório

do mercado, de angariação de clientes, de difusão dos produtos e serviços, de negociação, etc, que antecede e prepara a conclusão dos contratos, mas na qual o agente já não tem de intervir.

Não se trata de mera actividade publicitária, antes a obrigação de promover a celebração de contratos compreende um vasto e diversificado leque de actos com o objectivo último de conquista e/ou de desenvolvimento do mercado. Deve o agente publicitar, é certo, os bens e serviços do principal; mas deve também, designadamente, visitar clientes, fornecer-lhes catálogos, amostras, listas de preços, encetar e prosseguir as negociações, dirigir ao principal as encomendas e propostas negociais formuladas e prestar a mais variada informação, desde a situação do mercado e as reacções e gostos da clientela, até ao estado da concorrência[158].

O conteúdo desta obrigação terá de ser preenchido de acordo com a *função* que cabe ao agente desempenhar, enquanto intermediário privilegiado para a conquista do mercado, tendo em conta o seu "savoir-faire", a confiança que inspira, o seu relacionamento directo e pessoal com os clientes e os laços de fidelidade que gera. E ter-se-á de ter sempre presente o espírito de *colaboração* que pre-

---

mutandis, o concessionário e o franquiado ao agente: v., *supra*, n.ºs 18 e 19, esp. o n.º 19, III.

[158] Sobre as raízes deste elemento na doutrina portuguesa, cfr. VAZ SERRA, na *Anotação* ao Ac. do STJ de 7 de Março de 1969, na RLJ ano 103.º, cit., pp. 222,ss, e PESSOA JORGE, *O mandato sem representação*, cit., p. 238. Pode igualmente ver-se, para maiores desenvolvimentos, qualquer dos nossos trabalhos sobre o *Contrato de agência (Anteprojecto)*, cit., n.º 8, ou *Contrato de agência. Anotação*, cit., art. 1.º, n.º 2. Na jurisprudência, ver, por último, os Acórdãos do STJ de 18 de Fevereiro de 1992 (BMJ n.º 414, pp. 571,ss, e 575-576) e de 17 de Abril de 1986 (no BMJ n.º 356, pp. 342,ss), bem como a Sentença de 23 de Maio de 1997 do Juíz do 5.º Juízo Cível de Lisboa (CJ, ano XXII, tomo III, pp. 304,ss). Nos direitos italiano e espanhol (onde o legislador utiliza também o termo *promover*), pode consultar-se, por todos, respectivamente, CERAMI, *Agenzia (contratto di)*, cit., pp. 870,ss, e MARTINEZ SANZ/MONTEAGUDO/PALAU RAMIREZ, *Comentario a la ley sobre contrato de agencia*, cit., pp. 39,ss. Numa perspectiva de direito comparado, também por todos, AXEL DE THEUX, *Le droit de la représentation commerciale*, tomo I, cit., pp. 105,ss.

88 Contratos de Distribuição Comercial – Relatório

side à celebração deste contrato, assim como o dever do agente de *zelar pelos interesses do principal*, o que faz dele um *contrato de gestão de interesses alheios*[159], em ordem à *realização plena do fim contratual* (art. 6.°)[160].

II — Em complemento do que acaba de dizer-se, observe-se que o contrato de agência, por si só, não confere ao agente poderes para celebrar contratos com terceiros, isto é, com os clientes. O agente limita-se a fomentar a sua conclusão e a prepará-los, mas não lhe cabe a celebração dos contratos que promove, excepto se lhe tiverem sido concedidos os indispensáveis poderes para tal[161].

Não se confunde a agência, por isso, com o *mandato*, contrato este que envolve, tipicamente, a prática de actos jurídicos (art. 1157.° do Código Civil). Mesmo que o agente esteja autorizado a celebrar contratos, tratar-se-á de simples actividade acessória, complementar da obrigação fundamental de promover a celebração de contratos[162]. Mas isso não impediu que tivessem sido julgados aplicáveis à agência (antes do Decreto-Lei n.° 178/86), por analogia,

---

[159] Assim o qualifica a doutrina alemã (*Geschäftsbesorgungsvertrag*): ver, por todos, CANARIS, *Handelsrecht*, cit., p. 322, e *supra*, nota 137. Na doutrina portuguesa, destaque-se BAPTISTA MACHADO, *"Denúncia- modificação" de um contrato de agência*, cit., RLJ ano 120.°, p. 186. Para o direito espanhol, no mesmo sentido, v. F. MARTÍNEZ SANZ/M. MONTEAGUDO/F. PALAU RAMÍREZ, *Comentario a la ley sobre contrato de agencia*, cit., pp. 77,ss.

[160] Sobre a comercialidade do agente e do contrato, v. OLIVEIRA ASCENSÃO, *Direito Comercial*, vol. I, cit., pp. 246-250, COUTINHO DE ABREU, *Curso de Direito* Comercial, vol. I, cit., pp. 61-62, e JANUÁRIO GOMES, *Da qualidade de comerciante do agente comercial*, cit., *passim*. A respeito de outros diplomas legais que utilizam o termo agente com sentido diverso, v. o nosso *Contrato de agência. Anotação*, cit., p. 40.

[161] Cfr., a propósito, o Acórdão do STJ de 11 de Julho de 1985, no BMJ n.° 349, pp. 460,ss.

[162] V. Acórdãos da Relação do Porto de 6 de Outubro de 1992 (CJ, ano XVIII, tomo IV, pp. 245,ss) e de 25 de Outubro de 1993 (CJ, ano XVIII, tomo IV, pp. 240,ss).

disposições do mandato comercial (arts. 231.º e ss do Código Comercial)[163].

Se o principal[164] tiver conferido ao agente poderes para celebrar contratos, nos termos do art. 2.º do Decreto-Lei n.º 178/86, este actuará *em nome* do primeiro.

Problema que pode colocar-se é se o agente a quem tenham sido concedidos poderes para celebrar contratos gozará também, por isso mesmo, do poder de *decidir*, por si, se o contrato é ou não de concluir, e em que termos, ou se tal poder de decisão compete ao principal. Tudo dependerá, fundamentalmente, do sentido e da amplitude dos poderes que o principal atribui ao agente. O que parece de aceitar é que a atribuição de poderes para celebrar contratos, nos termos do art. 2.º, n.º 1, não conferirá ao agente, em princípio, esse poder de decisão.

Será assim de partir do princípio de que ao poder de representação do agente nas relações com terceiros — que a lei limita à celebração de contratos — não corresponde um poder de gestão nas relações internas, uma vez que a decisão continua a pertencer ao principal[165].

Note-se que o facto de o agente não gozar de poderes de representação não obsta a que lhe possam ser apresentadas, nos termos do n.º 2 do art. 2.º, reclamações (denúncia de vícios ou defeitos da coisa adquirida, por exemplo) ou outras declarações, assim como não impede a lei de lhe atribuir uma restrita legitimidade processual (e extraprocessual) activa (n.º 3).

III — Também o poder para cobrar créditos depende de autorização do principal (art. 3.º, n.º 1), embora a lei presuma essa auto-

---

[163] V. o nosso *Contrato de agência. Anotação*, cit., p. 39, com indicações de jurisprudência e de doutrina.

[164] A lei optou por designar a contraparte do agente de *principal*, por ser esse o termo com mais tradição entre nós e se afigurar como o menos susceptível de reparos, em confronto com outras opções possíveis: v., a este respeito, o nosso *Contrato de agência. Anteprojecto*, cit., n.º 6.

[165] É a posição de Baldi, *Il contratto di agenzia*, *cit.*, pp. 45-46.

90 Contratos de Distribuição Comercial – Relatório

rização, em dados termos, se o agente gozar de poderes de representação (n.º 2 do mesmo preceito).

Tendo sido encarregado da cobrança de créditos, o agente goza do direito a uma comissão especial(art. 13.º, al. f)).

IV — Assim sendo, dependendo os poderes para celebrar contratos com os clientes, bem como para efectuar a cobrança de créditos, da correspondente autorização por escrito do principal, *quid iuris* se o agente actua sem tais poderes, celebrando negócios e/ou cobrando créditos *sem estar autorizado* ?

De acordo com as regras gerais, esses negócios serão *ineficazes* em relação ao principal, se não forem por ele ratificados (art. 268.º, n.º 1, do Código Civil). A lei da agência considera, no entanto, que há *ratificação* se o principal, tendo tido conhecimento da celebração do negócio e do conteúdo essencial do mesmo, não manifestar ao cliente de boa fé, no prazo de cinco dias a contar desse conhecimento, que se opõe ao negócio (art. 22.º, n.º 2)[166].

Quanto à cobrança de créditos não autorizada, ela será vista como uma prestação do cliente *a terceiro*, que, em princípio, não extinguirá a sua obrigação em face do principal, nos termos do art. 770.º do Código Civil. Porém, o art. 3.º, n.º 3, da lei da agência *ressalva* o disposto no art. 23.º do mesmo diploma.

Este preceito legal consagra uma regra muito importante sobre a *representação aparente* e abrange, em certos termos, quer os negócios celebrados por agente sem poderes de representação, quer a cobrança de créditos por agente não autorizado.

---

[166] Trata-se, assim, de uma situação em que, por força da lei (art. 218.º do Código Civil), o silêncio é meio declarativo. Por todos, v. os desenvolvimentos de PAULO MOTA PINTO na sua importante dissertação de Mestrado *Declaração tácita e comportamento concludente no negócio jurídico*, Coimbra, 1995, pp. 631,ss. O n.º 2 do art. 22.º inspira-se no § 91a do HGB, que tem uma regra semelhante. Esta medida de tutela de terceiros é diversa da que a lei consagra no art. 23.º, sobre a "representação aparente" (a este respeito, cfr. CANARIS, *Die Vertrauenshaftung im deutschen Privatrecht*, München, 1971, pp. 213, ss).

O problema da *aparência* não é específico do contrato de agência, antes um problema geral de direito, em sede da tutela da *confiança* de terceiros e com expressão a vários níveis[167]. Mas reveste-se de particular acuidade no domínio da agência, razão por que o legislador interveio, dedicando um capítulo (o III) à *"protecção de terceiros"*.

Para lá da solução consagrada quanto à representação sem poderes, a que já fizemos referência (art. 22.°), o mencionado capítulo abre logo com uma norma que estabelece um *dever de informação* a cargo do agente (art. 19.°), destinado a fazer *transparecer*, perante terceiros, o conteúdo da relação *interna* que o liga ao principal[168].

Por último, quanto à *"representação aparente"*, contém a lei uma norma (art. 23.°) que consagrou uma solução, que se afigura justa e equilibrada, para situações em que o agente, apesar da sua falta de poderes representativos e/ou de cobrança de créditos, actuou, no entanto, como se os tivesse, criando no cliente a aparência de estar a contratar ou a pagar a um agente munido dos respec-

---

[167] Como no caso do cumprimento feito pelo devedor ao *credor aparente*. Cfr., por ex., ANTUNES VARELA, *Das Obrigações em geral*, II, cit., pp. 30,ss; M. J. ALMEIDA COSTA, *Direito das Obrigações*, 8.ª ed., Coimbra, 2000, pp. 926-927; MENEZES CORDEIRO, *Da boa fé no direito civil*, II, cit., pp. 1234,ss. Em sede dos trabalhos preparatórios do Código Civil, já VAZ SERRA propusera, em certos termos, a eficácia liberatória do cumprimento feito ao credor aparente (*Do cumprimento como modo de extinção das obrigações*, in BMJ n.° 34, pp. 5,ss e 75,ss), que, todavia, não logrou obter consagração no Código (cfr. PIRES DE LIMA/ANTUNES VARELA, *Código Civil Anotado*, vol. II, 4.ª ed., Coimbra, 1997, pp. 16-17). Num outro plano, no tocante à representação voluntária em geral e à protecção de terceiros, recorde-se FERRER CORREIA, *A procuração na teoria da representação voluntária*, BFD, vol. XXIV, 1948, pp. 253,ss (agora também nos "Estudos Jurídicos", vol. II, Coimbra, 1969, pp. 1, ss), assim como HUBERTUS SCHWARZ, *Sobre a evolução do mandato aparente nos direitos romanísticos. Seu significado para o direito português*, in RDES, ano XIX, 1972, pp. 99,ss. Sobre o ponto, v. ainda J. DIAS MARQUES, *Teoria Geral do Direito Civil*, vol. II, Coimbra, 1959, pp. 373,ss.

[168] Entretanto, o Código do Registo Comercial veio considerar sujeito a registo o contrato de agência "quando celebrado por escrito" (art. 10.°, al. d), o que contribui para assegurar essa transparência e publicidade.

tivos poderes. O negócio concluído pelo agente, assim como a cobrança de créditos a que procedeu, serão *eficazes*, pese embora a sua falta de poderes, "se tiverem existido razões ponderosas, objectivamente apreciadas, tendo em conta as circunstâncias do caso, que justifiquem a confiança do terceiro de boa fé na legitimidade do agente, desde que o principal tenha igualmente contribuído para fundar a confiança do terceiro" (art. 23.º, n.º 1)[169].

A protecção concedida por esta norma depende, pois, da ocorrência, cumulativa, de requisitos objectivos (embora ponderados à luz do caso concreto e das circunstâncias que o rodeiam) e de requisitos subjectivos, facilitando uma solução a que, em sede geral, talvez só pelo recurso ao instituto do abuso do direito se pudesse eventualmente chegar[170].

Em princípio, a solução consagrada pelo art. 23.º será de *alargar* a todos os contratos de cooperação ou de colaboração, ou, até, aos contratos de gestão em geral, na linha do que já tem sido decidido pelos nossos tribunais[171].

---

[169] Dir-se-á, porventura, que não andará assim a "representação aparente" muito longe da "representação tolerada ou consentida" (sobre o sentido desta distinção, C. Mota Pinto, *Teoria Geral de Direito Civil*, cit., p. 545, nota 1, e Menezes Cordeiro, *Da boa fé*, II, cit., p. 1244, nota 147). Mas não necessariamente, até porque, apesar de um eventual comportamento do principal que contribua "para fundar a confiança do terceiro", pode faltar àquele a consciência da declaração (art. 246.º do Código Civil). Acresce que, no domínio da agência, a lei exige documento escrito para o consentimento do principal (v. os nossos *Contrato de agência. Anteprojecto*, cit., n.º 8, e *Anotação*, cit., pp. 91-92).

[170] Esta parece ser a orientação de Menezes Cordeiro, *Da boa fé*, II, cit., pp. 1245, nota 147, e 1247,ss, bem como, ainda que hesitante e com reservas, de Baptista Machado, *Tutela da confiança e "venire contra factum proprium"*, RLJ ano 118.º, pp. 9,ss. É igualmente esta a opinião de Paulo Mota Pinto, relevando a importância do art. 23.º na ordem jurídica portuguesa (*Aparência de poderes de representação e tutela de terceiros*, cit., pp. 587,ss, esp. 644-645) e de Júlio Gomes (*A gestão de negócios, um instituto jurídico numa encruzilhada*, BFD, Coimbra, 1993, p. 270, nota 708). No direito espanhol, relevando a solução consagrada entre nós pelo art. 23.º, F. Mercadal Vidal, *El contrato de agencia mercantil*, cit., pp. 527-531 e nota 990.

[171] Cfr. os Acórdãos da Relação do Porto de 6 de Outubro de 1992 (CJ ano

Contratos de Distribuição Comercial – Relatório 93

V — Os contratos que o agente promove são normalmente contratos pelos quais o principal irá *vender* os seus bens ou *prestar* os serviços que fornece — e por isso também a agência é um contrato de distribuição.

XVII, tomo IV, p. 250) e da Relação de Lisboa de 7 de Outubro de 1993 (CJ ano XVIII, tomo IV, p. 135). Relativamente à aplicação do art. 23.º, merece especial referência o primeiro destes arestos. Tratava-se, resumidamente, da seguinte situação. Determinada pessoa entrou num stand de automóveis, dirigiu-se ao indivíduo que nele se encontrava e encomendou-lhe uma viatura. Entregou-lhe, para o efeito, um cheque de determinada importância, por conta do preço do automóvel, tendo esse indivíduo, que o atendeu no stand e que aceitou a encomenda e o cheque, passado um recibo num cartão comercial com o logotipo da sociedade proprietária do stand. Sucede, porém, que esse mesmo indivíduo dissipou o cheque em proveito próprio, vindo a dona do stand — que considerava não ter recebido qualquer encomenda nem qualquer importância — a alegar que ele era um mero "angariador-comissionista", a quem estava vedado aceitar encomendas, receber quantias e assinar recibos de quitação ou contratos em nome daquela. O Tribunal entendeu, porém, que tal circunstância seria irrelevante, qualificando esse indivíduo como agente e aplicando ao caso "sub judice" o art. 23.º do Decreto-Lei n.º 178/86, ou seja a norma sobre a *representação aparente*, por entender que os requisitos dessa norma se verificavam no caso em apreço. E ainda que a relação contratual não fosse de agência, sempre seria de lhe aplicar o referido art. 23.º, por se tratar, no entender do Tribunal da Relação, de uma "norma paradigmática dos contratos de cooperação, aplicando-se assim, analogicamente, a todos os contratos que revistam tal natureza cooperativa ou colaborante".

Na doutrina, favorável ao alargamento da solução consagrada pelo art. 23.º, ainda que apenas no âmbito do direito comercial, cfr. J. Oliveira Ascensão e M. Carneiro da Frada, *Contrato celebrado por agente de pessoa colectiva. Representação, responsabilidade e enriquecimento sem causa*, separata da RDE, 16 a 19, Coimbra, 1990 a 1993, pp. 43 e ss., esp. 56-59 (n.º 9); mais restritivo, parecendo confinar o art. 23.º ao contrato de agência, Raul Guichard, *Da relevância jurídica do conhecimento no direito civil*, Porto, 1996, p. 66. Entretanto, coincidindo com a nossa posição de princípio de alargar a solução consagrada por esta norma aos contratos de cooperação, também Maria Helena Brito, *A representação nos contratos internacionais. Um contributo para o estudo do princípio da coerência em direito internacional privado*, Coimbra, 1999, p. 139, e Fernando Araújo de Barros, *Contratos de cooperação comercial*, in "Textos", Centro de Estudos Judiciários, Lisboa, 1991-92/1992-93, pp. 371,ss.

94 Contratos de Distribuição Comercial – Relatório

Mas o âmbito da agência é mais alargado, pois nada impede que a promoção de contratos, a cargo do agente, seja dirigida *à aquisição* de bens e serviços para o principal[172].

22.2. Actuação por conta do principal

I — Já sabemos que a lei disciplina a relação interna entre o agente e o principal[173]. Distinta desta serão as relações com terceiros, designadamente as que, a culminar o processo de negociações conduzido pelo agente, o principal estabeleça com os clientes angariados por aquele.

Ora, no exercício da sua actividade e de acordo com a sua função, o agente actua sempre *por conta do principal*. Isso significa, fundamentalmente, que os efeitos dos actos que pratica se destinam ao principal, se repercutem ou projectam na esfera jurídica deste[174].

É esta uma das notas que diferencia as várias modalidades de distribuidores entre si, pois o concessionário e o franquiado actuam por conta própria, como veremos.

II — Discute-se se actuar por conta de outrem não significará, ao mesmo tempo, actuar no interesse desta pessoa[175]. No que respeita ao agente, porém, não há dúvida que ele prossegue os interesses do principal e deve zelar pela defesa dos interesses deste. É a cominação expressa do art. 6.º[176]. E é a posição mais conforme com a sua natureza de *contrato de gestão*[177]. O que faz avultar a relação de *confiança* entre as partes.

---

[172] Cfr. CANARIS, *Handelsrecht*, cit., p. 318.

[173] Ressalvadas as normas sobre a protecção de terceiros, que acabámos de analisar.

[174] Cfr. PESSOA JORGE, *O mandato sem representação*, cit., pp. 192,ss.

[175] Cfr. M. JANUÁRIO GOMES, *Em tema de revogação do mandato civil*, Coimbra, 1989, pp. 91,ss.

[176] Sobre esse *Interessenwahrungspflicht*, cfr., por ex., HOPT, *Handelsvertreterrecht*, cit., pp. 41,ss.

[177] Posição da doutrina alemã, como sabemos: v., *supra*, notas 137 e 159 e o nosso *Contrato de agência. Anotação*, pp. 41-42.

22.3. Autonomia

I — Ao contrário do trabalhador, juridicamente subordinado à entidade patronal, através de contrato de trabalho, ficando sob a autoridade e direcção desta, o agente é *independente* e actua com *autonomia*[178].

Contudo, a autonomia do agente, em face do principal, não é absoluta, pois ele deve, designadamente, conformar-se com as orientações recebidas, adequar-se à política económica da empresa e prestar regularmente contas da sua actividade. Mas estas e outras obrigações do agente não devem prejudicar, no essencial, a sua autonomia: é bem elucidativa, a este respeito, a redacção do art. 7.º, al. a)[179].

II — Em conformidade com esta nota essencial da agência, a autonomia, a lei permite, salvo convenção em contrário, o recurso a subagentes (art. 5.º), e prevê, não havendo estipulação com sentido diverso, que as despesas pelo exercício normal da sua actividade ficam a cargo do agente (art. 20.º)[180].

---

[178] Como afirma MENEZES CORDEIRO, à "prestação autodeterminada de serviços", própria da agência, contrapõe-se a "heterodeterminação" típica do contrato de trabalho (*Manual de Direito do Trabalho*, cit., p. 525).

Na jurisprudência, sobre a distinção entre os contratos de agência e de trabalho, v. os Acórdãos do STJ de 15 de Outubro de 1980 (BMJ n.º 300, pp. 244,ss) e de 26 de Maio de 1970 (RLJ ano 104.º, p. 153, anotado por VAZ SERRA, pp. 155,ss), bem como o Acórdão do STA de 27 de Janeiro de 1986 (in "Acórdãos Doutrinários do S.T.A", ano XV, I, p. 442). V. ainda a nota seguinte e PESSOA JORGE, *op. cit.,* p. 236, nota 17.

[179] Divergindo entre si, tendo a Relação de Coimbra considerado existir este elemento (a autonomia) mas recusando-o o STJ — e, por tal motivo, com posições diferentes quanto à qualificação do contrato —, os Acórdãos da Relação de Coimbra de 27 de Janeiro de 1998 e do STJ de 3 de Fevereiro de 1999, in CJ, ano XXIII, tomo I, pp. 18,ss e CJ-Acs. STJ, ano VIII, tomo I, pp. 70,ss, respectivamente.

[180] Para maiores desenvolvimentos pode ver-se o nosso *Contrato de agência. Anteprojecto*, cit., pp. 36,ss, da separata (n.º 8, c)), bem como a *Anotação*, cit., pp. 42-43, 60, 64-65 e 86.

22.4. Estabilidade

I — O agente exerce a sua actividade de modo *estável*, tendo em vista, não uma operação isolada, antes um número indefinido de operações.

A estabilidade é compatível com a fixação de prazos curtos, podendo mesmo limitar-se a eficácia do contrato a certos períodos ou épocas do ano. Ponto é que a actividade do agente não se limite à prática de um acto isolado, devendo tratar-se de uma actividade com continuidade, dentro do período de tempo por que o contrato foi celebrado. Este funda uma relação contratual *duradoura* que não se extingue por um acto de cumprimento. Trata-se de um dos traços por que se distingue a agência do contrato de mediação[181].

II — Os contraentes podem vincular-se por tempo determinado ou nada convencionarem a tal respeito; neste último caso, presume-se que o contrato de agência foi celebrado por tempo indeterminado (art. 27.º, n.º 1). Entretanto, se o contrato continuar a ser cumprido após o decurso do prazo, considera a lei que ele se "transformou" em contrato ("rectius", se renovou) por tempo indeterminado (art. 27.º, n.º 2)[182].

O facto de o contrato ter sido celebrado por tempo determinado ou por tempo indeterminado releva quanto às formas de cessação do mesmo (arts. 26.º e 28.º)[183].

III — Parece que não se aplicará o disposto no n.º 2 do art. 27.º se as partes, tendo celebrado um contrato por determinado período de tempo, estipularem, elas próprias, que o contrato se prorrogará por um outro período, de igual ou de diferente duração, salvo se alguma delas comunicar à outra, com certa antecedência — que por *identidade de razão* terá de *respeitar* os tempos mínimos estabelecidos no art. 28.º —, não desejar essa prorrogação. Tratar-se-á de uma

---

[181] V., à frente, n.º 23.3.

[182] Cfr. ANTÓNIO PINTO MONTEIRO, *Contrato de agência. Anotação*, cit., pp. 43-44 e 97,ss.

[183] V., *infra*, cap. IV.

Contratos de Distribuição Comercial – Relatório 97

situação em que, por força do acordo das partes (cfr. art. 218.º do Código Civil), o silêncio destas vale como declaração negocial de prorrogação do prazo inicialmente previsto.

Assim como poderá essa estipulação fixar o número *máximo* de prorrogações ou, pelo contrário, não estabelecer qualquer limite, prorrogando-se o contrato por períodos *sucessivos* se nenhuma das partes se opuser. Independentemente de saber se, pelo menos neste último caso, o contrato não será já por tempo indeterminado — até porque não será o decurso de qualquer prazo a fazê-lo cessar, antes a declaração de uma das partes, que não se sabe *se* e *quando* virá —, temos entendido que a declaração pela qual se faz cessar o contrato está sujeita à *mesma antecedência mínima* estabelecida no art. 28.º, por argumento "a pari" ou de identidade de razão[184].

Assim, cada contraente tem a garantia de que o outro *só poderá impedir* a prorrogação do contrato — isto é, *pôr-lhe termo*, fazê-lo *cessar* — após ter decorrido o tal período de tempo inicial, que funciona, deste modo, como um *período mínimo de vigência do contrato*; por outro lado, a cessação só poderá ocorrer *no termo* do período inicial ou de qualquer dos períodos sucessivos, devendo a *antecedência* com que a declaração é feita contar-se *a partir daí*.

Haverá igualmente que distinguir a situação contemplada no n.º 2 do art. 27.º daquela em que os actos praticados após o decurso do prazo não podem ser interpretados como declaração (tácita) de renovação do contrato, por se tratar de actos que mais não significam do que uma "liquidação" do contrato anterior, cuja renovação não se deseja[185].

---

[184] Cfr. o nosso *Contrato de agência. Anotação*, cit., pp. 99-100. Concordando connosco, o Acórdão da Relação do Porto de 25 de Junho de 1998, in CJ, ano XXIII, tomo III, pp. 213,ss., p. 218. As situações são equiparáveis, embora haja algumas particularidades a registar. Cfr., a propósito, a importante análise de PAULO HENRIQUES sobre o ponto, na sua dissertação de Mestrado, *A desvinculação unilateral "ad nutum" nos contratos civis de sociedade e de mandato*, Coimbra, 2001, pp. 224 e ss.

[185] Como acertadamente observa JANUÁRIO GOMES, *Apontamentos sobre o contrato de agência*, cit., p. 30.

22.5. Retribuição

I — A agência é um contrato oneroso. A retribuição determina-se, fundamentalmente, com base no volume de negócios conseguido pelo agente. Este é remunerado em função dos resultados obtidos, assumindo, pois, um carácter variável, sob a forma de *comissão* ou percentagem calculada sobre o valor dos negócios alcançados. Mas nada obsta a que a comissão possa cumular-se com qualquer importância fixa acordada entre as partes.

II — É nos arts. 15.° a 18.° que a lei trata da retribuição do agente e, designadamente, do *direito à comissão*.

O art. 16.° estabelece *quais* os contratos que conferem ao agente direito à comissão e o art. 18.° ocupa-se com o problema de saber em que *momento* é que este direito se adquire e se torna exigível o seu pagamento. O art. 17.°, por sua vez, dedica uma regra à *sucessão* de agentes no tempo[186].

Quanto ao *agente exclusivo*, a lei assegura o seu direito à retribuição, em certos termos, mesmo que se trate de um cliente que não tenha sido por si angariado nem de um contrato por si promovido, desde que o contrato em causa haja sido concluído com alguém pertencente à zona ou ao círculo de clientes que lhe foi reservado (art. 16.°, n.° 2).

---

[186] Temos entendido que esta regra fornece igualmente o *critério* a que deve recorrer-se em situações que não são propriamente de sucessão de agentes no tempo mas em que o problema é semelhante. Poderá perguntar-se: *a quem pertence o direito à comissão* no caso de o cliente, angariado pelo agente *A*, ter entretanto mudado para zona diferente, onde é agente exclusivo *B*: se o contrato com o principal for celebrado já quando o cliente está situado na zona de *B*, a quem pertence a comissão? Ao agente *A*, por ter sido ele a *angariar* (art. 16.°, n.° 1) esse cliente? Ao agente *B*, apesar de não ter intervindo na conclusão desse contrato, por ser *agente exclusivo* (art. 16.°, n.° 2) e o cliente estar agora na sua zona? A ambos os agentes? Equitativamente? Parece-nos que será o agente que *angariou* o cliente que tem direito à comissão (sem prejuízo de, em certos casos, se poder admitir que ela seja de repartir equitativamente entre ambos: v. a nossa *Anotação*, cit., p. 81).

III — A qualidade de *agente exclusivo* depende de *acordo escrito das partes,* ficando o principal impedido de utilizar, dentro da mesma zona ou do mesmo círculo de clientes, outros agentes para o exercício de actividades que estejam em concorrência com as do agente exclusivo(art. 4.º).

Este direito, que era elemento natural do contrato de agência e existia a favor de qualquer das partes, deixou de o ser com a alteração operada pelo Decreto-Lei n.º 118/93, passando o direito de exclusivo *a favor do agente* a depender do consentimento do principal.

No silêncio do contrato, por conseguinte, o principal não está impedido de utilizar, ainda que dentro da mesma zona ou círculo de clientes, outros agentes para o exercício de actividades concorrentes. Já o agente, porém, continua a estar impedido de exercer, por conta própria ou por conta de outrem, actividades concorrentes[187].

Note-se que é no art. 9.º que a lei regula a *obrigação de não concorrência* após a cessação do contrato, a qual confere ao agente o direito a uma compensação adicional (art. 13.º, al. g))[188].

23. Delimitação

Ao expormos os elementos essenciais do contrato de agência, fomos logo apontando, em vários casos, traços que o distinguem de outras figuras. É agora o momento de sistematicamente contrapormos a agência a outros contratos. A selecção é feita em função do interesse que revela para uma melhor identificação do contrato de agência.

---

[187] Para além de outros argumentos, é a posição que melhor se harmoniza com o disposto no art. 6.º, visto que o princípio da *boa fé* e a obrigação do agente de *"zelar pelos interesses da outra parte"* dificilmente tolerariam que aquele pudesse exercer actividades *concorrentes* sem o consentimento prévio do principal (v., para o direito alemão, CANARIS, *Handelsrecht*, cit., p. 331; BROX, *Handelsrecht und Wertpapierrecht*, cit., pp. 110-111 e KARSTEN SCHMIDT, *Handelsrecht*, cit., pp. 731-732). Sobre o agente exclusivo e o sentido da alteração de 93, bem como sobre o direito à comissão, para maiores desenvolvimentos, pode ver-se o nosso *Contrato de agência. Anotação*, cit., pp. 56,ss e 75,ss.

[188] Cfr., de novo, o nosso trabalho, cit., anots. arts. 9.º e 13.º, designadamente.

100   *Contratos de Distribuição Comercial – Relatório*

Antes, porém, convém observar que poderá deparar-se, em muitas situações, com figuras *híbridas*, a que haja de aplicar-se, de acordo com os princípios e regras pertinentes, o regime dos contratos mistos.

23.1. Contrato de mandato

Ao analisarmos a obrigação fundamental do agente de *promover* os negócios do principal (art. 1.º)[189] chamámos logo a atenção para o facto de o contrato de agência se distinguir do mandato por o primeiro, ao contrário do segundo (art. 1157.º do Código Civil), não implicar a prática de quaisquer actos jurídicos.

É certo que em ambos os casos alguém (agente ou mandatário) actua *por conta de outrem* (do principal ou do mandante, respectivamente); mas essa actuação é diversa, o agente pratica fundamentalmente actos *materiais*, enquanto que ao mandatário compete a prática de actos *jurídicos*.

E como também dissemos, mesmo que o agente esteja autorizado, nos termos do art. 2.º, a celebrar contratos, tratar-se-á de uma actividade acessória, complementar da obrigação de promover a celebração de negócios[190].

Para além desta diferença essencial, outras se podem ainda apontar, designadamente a que consiste em o agente não ter, em regra, direito ao reembolso das despesas pelo exercício normal da sua actividade (art. 20.º), diversamente do mandatário (art. 1167.º,

---

[189] Sempre que se indique algum preceito legal sem mais referências, e se outra coisa não resultar do respectivo contexto, é ao regime da agência que ele deve reportar-se (Decreto-Lei n.º 178/86, de 3 de Julho, com as modificações introduzidas pelo Decreto-Lei n.º 118/93, de 13 de Abril).

[190] Cfr., *supra*, n.º 22.1, sobre o sentido da obrigação de promover os negócios do principal. Na jurisprudência, relevando esta distinção, cfr. os Acórdãos da Relação do Porto de 6 de Outubro de 1992 (CJ ano XVII, tomo IV, pp. 245,ss) e de 25 de Outubro de 1993 (CJ ano XVIII, tomo IV, pp. 240,ss).

al. c), do Código Civil). No que respeita ao mandato comercial, há que assinalar outra diferença: o mandatário, ao contrário do que é típico no agente, é remunerado independentemente do resultado do seu trabalho (art. 232.º do Código Comercial).

Em todo o caso, sendo o mandato o protótipo do contrato de prestação de serviço (art. 1156.º do Código Civil), foi a ele que a jurisprudência recorreu, "maxime" ao mandato comercial (art. 231.º do Código Comercial), para enquadrar a solução de vários problemas relativos à agência, antes de este contrato dispor de um regime legal próprio[191].

23.2. Contrato de comissão

Já tivemos oportunidade de mostrar a relevância histórica tida pelo comissário, enquanto colaborador independente da empresa, seu auxiliar nos interesses económicos, factor importante de descentralização. Referimos também, na mesma ocasião, o "salto qualitativo" que a agência representou, com a consequente e progressiva diminuição da importância inicialmente assumida pela comissão[192].

Dá-se contrato de comissão, nos termos do art. 266.º do Código Comercial, "quando o mandatário executa o *mandato mercantil*, sem menção ou alusão alguma ao mandante, contratando *por si e em seu* nome, como principal e único contraente". E, nos termos do art. 231.º do mesmo diploma, "dá-se mandato comercial quando alguma

---

[191] Cfr., por ex., os Acórdãos do STJ de 8 de Julho de 1986 ("Tribuna da Justiça", n.º 2, Outubro de 1986, p. 17), de 17 de Abril de 1986, de 11 de Julho de 1985 (BMJ n.ºs 356 e 349, pp. 342 e 460, respectivamente) e de 7 de Março de 1969 (RLJ ano 103.º, p. 216, anotado por VAZ SERRA, pp. 222,ss); o Acórdão da Relação de Lisboa de 20 de Março de 1974 (BMJ n.º 235, p. 338); e a Sentença do Corregedor da 5.ª Vara Cível de Lisboa de 18 de Março de 1976 (CJ, ano III, tomo I, p. 319). Na doutrina, v. ainda PESSOA JORGE, *O Mandato sem representação*, cit., pp. 239 e s.

[192] Cfr., *supra*, n.º 13.

pessoa se encarrega de praticar um ou mais *actos de comércio por mandado de outrem*".

A diferença entre o mandato comercial e a comissão reside, pois, no seguinte: o mandatário pratica os actos em nome, no interesse e por conta do mandante (mandatário com representação); o comissário pratica-os no interesse e por conta do mandante, mas em seu próprio nome (é um mandatário sem representação)[193].

Sendo a comissão, portanto, um *mandato sem representação* (cfr. art. 1180.º do Código Civil), ressaltam, com facilidade, as diferenças que a separam da agência.

Por um lado, e tal como referimos a propósito do mandato, a obrigação do agente consiste essencialmente numa complexa actividade *material*, de promoção dos negócios, valendo aqui o que se disse a propósito da distinção entre o mandato e a agência.

Acresce, por outro lado, que o agente, quando lhe são confiados poderes para celebrar negócios jurídicos, actua por conta, *em nome* e no interesse do *principal*; o comissário, porém, pratica os actos no interesse e por conta do mandante, mas *em seu próprio nome*[194].

Uma hipótese interessante, muito em voga na Alemanha — que nada obsta, naturalmente, a que surja também entre nós —, é a do chamado *Kommissionsagent*, que reúne características do comissário e do agente. Tal como o comissário, trata-se de alguém que está encarregado de celebrar contratos *por conta de outrem*, mas em *seu próprio nome*; todavia, tal como o agente, esse encargo é assumido com *estabilidade*, no âmbito de uma *relação duradoura* com o comitente.

Daí que se entenda, como já dissemos antes, dever distinguir-se as relações do *Kommissionsagent* com os *clientes*, nas quais releva

---

[193] De novo, FERRER CORREIA, *Lições de Direito Comercial*, vol. I, cit., p. 145 (na ed. impressa de 1994, p. 85).

[194] Na jurisprudência, a respeito do contrato de comissão, v. os Acórdãos da Relação do Porto de 30 de Março e de 6 de Outubro de 1992 (CJ ano XVII, tomos II e IV, pp. 223 e 245, respectivamente) e da Relação de Lisboa de 23 de Junho de 1987 (CJ ano XII, tomo III, p. 116). V. igualmente a nota (196).

Contratos de Distribuição Comercial – Relatório 103

a sua actuação *como comissário*, da *relação interna* (*"Innenverhält-nis"*), isto é, da relação com o *comitente*, a qual apresenta grandes *semelhanças* com a relação de *agência* e pode por isso ser apreciada segundo as regras deste último contrato[195].

A nosso ver, a situação que foi entre nós decidida pelo Acórdão do Supremo Tribunal de Justiça de 9 de Novembro de 1999 implicava uma análise semelhante, na medida em que havia que *diferenciar* as relações do transitário com os clientes, em que ele actuava como *comissário*, das relações do mesmo transitário com determinada empresa de transportes, com quem ele havia celebrado um contrato de *agência*[196].

23.3. Contrato de mediação

Já sabemos que o agente actua de modo *estável*, no âmbito de uma relação *duradoura* que estabelece com o principal, obrigando-se a *promover* os negócios deste e a defender os seus *interesses*[197]. Diferentemente se passam as coisas com o mediador, pese embora os pontos que apresentam em comum.

Com efeito, o contrato de mediação tem de comum com o de agência o facto de em ambos alguém actuar como *intermediário*, procurando que determinado negócio venha a concretizar-se e preparando a sua conclusão. Exerce, assim, o mediador, uma actividade *semelhante*, neste ponto, à do agente, embora a actuação deste —

---

[195] O contrato que liga o "Kommissionsagent" à outra parte é designado por *Kommisionsagenturvertrag*. Sobre o ponto, ver, por ex., CANARIS, *Handelsrecht*, cit., pp. 357,ss, KARSTEN SCHMIDT, *Handelsrecht*, cit., pp. 757,ss, HOPT, *Handelsvertreterrecht*, cit., p. 21, FLOHR, in MARTINEK/SEMLER, *Handbuch des Vertriebsrechts*, cit., p. 530 e ULMER, *Der Vertragshändler*, cit., pp. 44-45.

[196] O referido Acórdão do STJ, acompanhado da nossa anotação *Contrato de agência com um transitário*, cit., pode ver-se na RLJ ano 133.°, pp. 124,ss e 140,ss, respectivamente.

[197] Cfr. o n.° anterior, especialmente os pontos 22.1. e 22.4. V. também *supra*, nota (13), com indicações de legislação e de jurisprudência.

que é também de mediação mas que vai muito para além dela — seja *diferente*, em vários aspectos, da do mediador.

A obrigação fundamental do mediador é conseguir interessado para certo negócio que, raramente, conclui ele próprio. Limita-se a *aproximar* duas pessoas e a facilitar a celebração do contrato, podendo a sua remuneração caber a ambos os contraentes, ou apenas àquele que recorreu aos seus serviços. A remuneração do mediador, por outro lado, é independente do cumprimento do contrato, podendo exigi-la logo que o mesmo seja celebrado.

Ao contrário do agente, que actua por conta do principal — "representando-o" economicamente —, o mediador age com *imparcialidade*, no interesse de ambos os contraentes, sem estar ligado a qualquer deles por relações de colaboração, de dependência ou de representação.

É que o mediador é tipicamente uma pessoa *independente*, a quem qualquer outra pode recorrer, em determinado momento, cessando a relação contratual, em regra, logo que concluído o negócio. O mesmo não sucede com o agente, como vimos, ligado ao principal por relações de colaboração *duradoura*, sendo a *estabilidade* um elemento essencial da agência.

Por último, e como decorre do exposto, o mediador intervém ocasionalmente, só quando solicitado para determinado acto concreto, enquanto o agente exerce uma *actividade material contínua*[198].

---

[198] Entre nós, v. especialmente a monografia de MANUEL SALVADOR, *Contrato de mediação*, cit., *passim*, principalmente pp. 71,ss, sobre os "efeitos do contrato de mediação", designadamente os direitos e obrigações das partes, e pp. 225,ss, quanto à distinção de figuras afins, entre as quais o contrato de agência (pp. 237-240). V. igualmente, por todos, CANARIS, *op. cit.*, pp 402,ss, e ALESSIO ZACCARIA, *La mediazione*, Padova, 1992.

Na jurisprudência, cfr., entre outros, os Acórdãos do STJ de 17 de Janeiro de 1995 (CJ-Acs. STJ, ano III, tomo I, pp. 25,ss), de 4 de Março de 1980 (BMJ n.º 295, pp. 356,ss) e de 9 de Março de 1978 (BMJ n.º 275, pp. 183,ss), da Relação de Lisboa de 24 de Junho de 1993, de 16 de Novembro de 1989 e de 4 de Junho de 1987 (CJ, anos XVIII, tomo III, pp. 139,ss, XIV, tomo V, pp. 116,ss e XII, tomo III, pp. 109,ss, respectivamente), tal como, já antes, do mesmo Tribu-

23.4. Contrato de trabalho

Já atrás, quando analisámos o art. 1.º, ao falarmos da independência e autonomia do agente, dissemos que este, precisamente por isso, se distingue do trabalhador, que está juridicamente subordinado à entidade patronal, ficando sob a autoridade e direcção desta[199].

Com efeito, apesar de existirem algumas *afinidades* entre ambos — mormente no tocante à estabilidade, à defesa dos interesses da outra parte e, em certos casos, ao tipo de actividade desenvolvida, de promoção negocial —, o agente é juridicamente independente do principal, exerce a sua actividade com autonomia e assume riscos, no plano da retribuição.

Não são, por isso, agentes (nem podendo aplicar-se, consequentemente, o regime legal da agência) certas pessoas que, apesar do título que ostentam ("agentes"), não passam, em regra, e no fundamental, de simples empregados, ligados por contrato de trabalho, ainda que possam gozar de uma relativa autonomia e exerçam de modo estável uma actividade de promoção negocial[200].

Mas a distinção nem sempre é fácil, na prática, além de que, em certos casos, a *"dependência"* do distribuidor[201], a sua subordinação económica e social (e até, por vezes, jurídica) ao produtor, "maxime" na concessão e na franquia, pode dificultar bastante essa distinção, sem pôr de lado, mesmo, alguma eventual simpatia por soluções de tipo laboral[202].

---

nal, o Acórdão de 19 de Dezembro de 1975 (BMJ n.º 254, p 237), e da Relação de Évora o Acórdão de 24 de Março de 1994 (CJ, ano XIX, tomo II, pp. 260,ss).

[199] V., *supra*, n.º 22.3, bem como a doutrina e a jurisprudência citadas nas notas (178) a (180).

[200] Cfr. ANTÓNIO PINTO MONTEIRO, *Contrato de agência. Anotação*, cit., pp. 42-43. Parece-nos que nessa situação de dependência, contrária à do agente, se encontram também os agentes, auxiliares e caixeiros, que o Código Comercial regula nos arts. 248.º a 265.º. V., a propósito, MARIA HELENA BRITO, *O contrato de concessão comercial*, cit., pp. 89,ss.

[201] Recorde-se o que se disse *supra*, n.º 15.

[202] V., a propósito, MENEZES CORDEIRO, *Manual de Direito Comercial*, cit., n.º 215, IV.

23.5. **Contrato de concessão**

O contrato de concessão comercial vai ser objecto de tratamento próprio, já a seguir. É preferível procedermos aí à distinção entre este contrato e o de agência, pois estaremos então em condições de compreender melhor essa distinção[203].

23.6. **Contrato de franquia**

O que acaba de dizer-se vale igualmente para o contrato de "franchising". Será no contexto da análise dedicada a este contrato que procederemos às distinções que se impõem[204].

---

[203] V., *infra*, n.º 26.1.
[204] V., *infra*, n.º 30.

SECÇÃO II

CONTRATO DE CONCESSÃO COMERCIAL

24. Generalidades

I — A distribuição comercial, já o dissemos, efectua-se através de esquemas contratuais diversos. Um deles é o *contrato de concessão* e as partes que o subscrevem são o concedente e o concessionário. Mantém-se como contrato legalmente atípico[205].

Apesar disso, é já bastante significativa, mesmo entre nós, a jurisprudência relativa ao contrato de concessão, testemunho bem evidente da frequência com que a ele se recorre, no âmbito da distribuição comercial, o que ao mesmo tempo dá conta da importância prática de que se reveste[206].

---

[205] Salvo na Bélgica, no Brasil e em Macau: cfr., *supra*, nota (14); v. MARC WILLEMART/STÉPHANE WILLEMART, *La concession de vente et l'agence commerciale*, Bruxelles, 1995, obra que analisa o quadro legal belga e inclui, a pp. 136,ss, a lei belga sobre a concessão comercial; quanto ao Brasil, v., por ex., ORLANDO GOMES, *Contratos*, 12.ª ed., Rio de Janeiro, 1987, pp. 420,ss, e WALDIRIO BULGARELLI, *Contratos Mercantis*, 11.ª ed., São Paulo, 1999, pp. 453,ss.

[206] Cfr., por ex., os Acórdãos do STJ de 3 de Maio de 2000, de 23 de Abril de 1998, de 22 de Novembro de 1995 (CJ – Acs. STJ, ano VIII, tomo II, pp. 45,ss, ano VI, tomo II, pp. 57 e ss., e ano III, tomo III, pp. 115 e ss.), de 27 de Outubro de 1994 ("Novos Estilos/sub judice" 10, pp. 194 e s) e de 4 de Maio de 1993 (CJ – Acs. STJ, ano I, tomo II, pp. 78 e ss.), da Relação do Porto de 25 de Junho de 1998 e de 13 de Março de 1997 (CJ, ano XXIII, tomo III, pp. 213 e ss., e ano XXII, tomo II, pp. 196 e ss.), de 27 de Junho de 1995 (CJ, ano XX, tomo III, pp. 243 e ss., bem como na RLJ, ano 130.°, pp. 22 e ss.) e de 18 de Outubro de 1994 (CJ, ano XIX, tomo IV, pp. 212 e ss.), e da Relação de Coimbra de 26 de Novembro de 1996 (CJ, ano XXI, tomo V, pp. 31,ss).

II — Como seus antecedentes mais próximos costumam citar-se o "contrato de venda exclusiva" (a *vendita con exclusiva*, em Itália, a *vente à monopole*, em França, e a *Generalvertretung*, na Alemanha) e particularmente o contrato de fornecimento de cerveja (*Bierlieferungsvertrag/Bierverlagsvertrag*)[207].

III — Entretanto, o desenvolvimento económico, a evolução do comércio e da indústria e o aperfeiçoamento das técnicas de "marketing" e de distribuição fizeram com que o *centro de gravidade* se fosse progressivamente deslocando da *exclusividade* para a cláusula que impõe ao distribuidor não só a obrigação de adquirir bens para revenda mas também a de *promover* a sua comercialização em conformidade com as *indicações do produtor*. E passou a ser este o traço *essencial* característico destes contratos, o traço essencial dos *contratos de distribuição*[208], e não mais o direito de exclusivo do distribuidor[209].

---

[207] Cfr., por ex., ULMER, *Der Vertragshändler*, cit., pp. 50,ss e 71,ss, CLAUDE CHAMPAUD, *La concession commerciale*, in RTDCom, 1963, pp. 451,ss, JEAN GUYENOT, *Les conventions d'exclusivité de vente*, in RTDCom, 1963, pp. 513,ss, ORESTE CAGNASSO, *Concessione di vendita*, in "Digesto delle Discipline Privatistiche", Sezione commerciale, III, Torino, 1988, pp. 220,ss, PARDOLESI, *I contratti di distribuzione*, cit., pp. 155,ss, FABIO BORTOLOTTI, *Concessione di vendita (Contratto di)*, in NDI, Appendice, vol. II, pp. 221,ss, e MARIA HELENA BRITO, *O contrato de concessão comercial*, cit., pp. 33,ss.

[208] Cfr. ANGELO LUMINOSO, *I contratti tipici e attipici*, cit., p. 257, e recorde-se, precisamente, o que dissemos *supra*, n.º 19, a este respeito, particularmente o ponto 19-III, sobre a importância da *obrigação de promover* a comercialização dos bens do produtor em toda a categoria dos contratos de distribuição.

[209] No mesmo sentido, por ex., BALDI, *Il contratto di agenzia. La concessione di vendita. Il franchising*, cit., pp. 91,ss, BORTOLOTTI, *Concessione di vendita*, cit., p. 223, MARTINEZ SANZ, *Contratos de distribución comercial*, cit., p. 348, ULMER, *Der Vertragshändler*, cit., pp. 77-78. Em sentido contrário, porém, IGLESIAS PRADA, *Notas para el estudio del contrato de concesión mercantil*, cit., p. 255, e BEAUCHARD, *Droit de la distribution*, cit., p. 183.

Contratos de Distribuição Comercial – Relatório

IV — Em contrapartida desta *obrigação* a cargo do distribuidor e, bem assim, das *limitações* a que submete vários aspectos da sua actividade comercial, é-lhe *concedida* uma posição de *privilégio* na comercialização de determinados bens.

Efectivamente, pelo contrato de concessão *"concede-se"* a outrem o *"privilégio"* de comercializar bens *"pré-vendidos"*, seja pela notoriedade da *marca*, seja pela *integração* numa rede de distribuição, seja pela *publicidade* de que beneficiam esses produtos, seja, enfim, pela *vantagem concorrencial* e as *oportunidades de ganho* em face dos demais comerciantes.

A estes *benefícios do concessionário* correspondem não menos importantes *benefícios do concedente*: este, via de regra identificado com o produtor, *afasta de si o risco da comercialização*, que transfere para o concessionário, ao mesmo tempo que *assegura* o escoamento dos bens *sem perder o controlo da distribuição* e sem arcar com os *custos* de organização e outros que teria de suportar se fosse ele a encarregar-se da distribuição.

V — O sector dos veículos automóveis é aquele em que tradicionalmente mais se recorre à actividade de concessionários, o mesmo sucedendo na distribuição de bens de marca e de outros produtos de alta qualidade[210].

Mas não só: graças à "força expansiva" do contrato de concessão, ele é utilizado na distribuição de uma vastíssima gama de bens, desde o sector das bebidas, do vestuário, dos perfumes e de outros produtos de consumo corrente, até ao sector dos electrodomésticos, da mais variada maquinaria, de material informático, de outros produtos de elevada tecnologia, de luxo, etc[211].

---

[210] Cfr. já ULMER, *Der Vertragshändler*, cit., p. 47.

[211] Por todos, cfr. IGLESIAS PRADA, *op. cit.*, pp. 252,ss, e MARIA HELENA BRITO, *op. cit.*, pp. 27,ss.

25. Noção e características

I — Temos compreendido a concessão como um *contrato-quadro* ("Rahmenvertrag"/"contrat-cadre")[212] que faz surgir entre as partes uma relação obrigacional complexa por força da qual uma delas, o concedente, *se obriga* a vender à outra, o concessionário, e esta a comprar-lhe, para *revenda*, determinada quota de bens, *aceitando certas obrigações* — mormente no tocante à sua organização, à política comercial e à assistência a prestar aos clientes — e sujeitando-se a um certo *controlo e fiscalização* do concedente[213].

Como contrato-quadro, o contrato de concessão comercial funda uma relação de *colaboração* estável, *duradoura*, de conteúdo *múltiplo*, cuja *execução* implica, designadamente, a celebração de *futuros contratos* entre as partes, pelos quais o concedente vende ao concessionário, para revenda, *nos termos previamente estabelecidos*, os bens que este se obrigou a distribuir.

Pese embora as afinidades que, em aspectos fundamentais (*v.g.*, no plano da colaboração, estabilidade e objectivo prosseguido), tem com a agência, e que levam a incluí-los a ambos na categoria dos contratos de distribuição, trata-se de contratos distintos pois o concessionário, ao contrário do agente, actua *em seu nome* e *por conta própria, adquire a propriedade* da mercadoria (em princípio, pelo menos), *compra para revenda* e *assume os riscos da comercialização*[214].

II — Há, assim, três notas essenciais que convém destacar, as quais, em nossa opinião, fornecem o *recorte* da figura.

---

[212] Ver, a propósito, entre muitos, CANARIS, *Handelsrecht*, cit., p. 364, MICHAEL MARTINEK, *Aktuelle Fragen des Vertriebsrechts*, cit., pp. 27-29, ULMER, *Der Vertragshändler*, cit., pp. 296,ss, esp. 300, ss, JEAN GATSI, *Le contrat-cadre*, Paris, 1996, p. 1,ss, 303,ss e *passim*, e o volume *Le contrat-cadre. 2. La distribution*, sob a direcção de A. SAYAG, Paris, 1995, pp. 10,ss, 439,ss e *passim*.

[213] Cfr. o nosso *Denúncia de um contrato de concessão comercial*, cit., pp. 39,ss.

[214] V. *supra*, n.º 19, quanto a essas afinidades; relativamente às diferenças, *infra*, n.º 26.

Em primeiro lugar, a concessão é um contrato em que alguém *assume a obrigação de compra para revenda*, nele se estabelecendo desde logo os *termos* (ou os principais termos ou regras) em que esses *futuros* negócios serão feitos. Daí que, ao celebrarem, periodicamente, os contratos de compra e venda pelos quais o concessionário adquire do concedente os bens para revenda, estarão ambas as partes a *cumprir* a obrigação anteriormente assumida. A estes últimos podemos chamar *contratos de execução*, os quais se inserem *no quadro* definido pelo primeiro e o *complementam*.

Em segundo lugar, o concessionário age *em seu nome* e *por conta própria, assumindo os riscos da comercialização*.

Finalmente, no contrato de concessão vinculam-se as partes a *outro tipo de obrigações* — além da obrigação de compra para revenda —, sendo através delas que verdadeiramente se efectua a *integração* do concessionário na *rede* ou *cadeia de distribuição* do concedente.

São obrigações de índole e intensidade diversa, com as quais se visa, no fundo, definir e executar determinada *política comercial*. Isso pode implicar, designadamente, o estabelecimento de regras sobre a organização e as instalações do concessionário, os métodos de venda, a publicidade, a assistência a prestar aos clientes, etc; consagra-se, além disso, um certo *controlo* do primeiro sobre a actividade do segundo[215].

Numa palavra, trata-se de definir regras de comportamento através das quais se estabelecem laços de *colaboração* entre as partes e se *articula* e *coordena* a actividade de todos no seio da *rede* de distribuição, regras essas que implicam obrigações várias e se fundam — juntamente com a obrigação de compra para revenda — no contrato de concessão como *contrato-quadro* que é[216]. Nesta linha, tem-se

---

[215] Controlo ou ingerência essa que, no contrato de "franchising", é ainda mais extensa e acentuada, como veremos na Secção III.

[216] Não deixa de haver, como sabemos, quem sublinhe a *dependência* do distribuidor, *constrangido* a acatar *obrigações várias* a fim de *harmonizar* a sua actuação com a da *rede* em que se *integra*, falando-se a este propósito de *contra-*

perspectivado a concessão no âmbito do *contrato de gestão de negócios* ("Geschäftsbesorgungsvertrag")[217] e sublinhado justamente o dever de *promoção*, pelo concessionário, dos bens distribuídos[218].

III — É, aliás, esse conjunto de características que constituem e emergem da *integração* que explica, no fundo, a posição que vimos assumindo quanto à aplicação a este contrato, em princípio, do regime da agência[219].

A obrigação de compra para revenda e o modo de actuação do concessionário — ou seja, as duas primeiras notas — dificilmente chegariam, por si só, para justificar a aplicação de tal regime; via de regra, elas são mesmo apontadas como traços de *distinção* dos dois contratos. É fundamentalmente pela *integração* do revendedor na rede de distribuição do concedente, com tudo o que isso implica e pressupõe em termos de *colaboração* entre as partes e de *promoção* dos bens distribuídos, que se *aproximam* os dois contratos, o de agência e o de concessão, e, *nessa medida*, que mais se justifica o recurso à *disciplina da agência* (veremos que é também por aí, pela *intensidade* dessa integração, que se deverá equacionar, como factor

---

tos de dependência: cfr. GEORGES VIRASSAMY, *Les contrats de dépendance*, cit., pp. 5 e ss, 45 e ss e *passim*. Mas também não pode esquecer-se que o distribuidor retira importantes *benefícios* do facto de passar a pertencer a uma rede organizada: cfr., por ex., BEAUCHARD, *Droit de la distribution et de la consommation*, cit., p. 159.

[217] Cfr. MARTINEK, *Aktuelle Fragen des Vertriebsrechts*, cit., pp. 32-34, ULMER, *Der Vertragshändler*, cit., pp. 276,ss e 340-341, e CANARIS, *Handelsrecht*, cit., pp. 364. É esta, aliás, como sabemos, uma característica de que também comunga o contrato de agência: de novo, *supra*, n.º 19.

[218] Que MARTINEZ SANZ considera mesmo como dever "absolutamente básico" do contrato de concessão: *Contratos de distribución comercial*, cit., p. 349. No mesmo sentido, ver por ex. FABIO BORTOLOTTI, *Concessione di vendita*, cit., pp. 222-223, n.º 2.

[219] *Rectius*, é esse conjunto de características que explica, mesmo, que o regime da agência possa ser visto como o *regime-modelo* dos contratos de distribuição: v., *supra*, n.ºs 18 e 19.

Contratos de Distribuição Comercial – Relatório

importante a ter em conta, o problema da atribuição da *indemnização de clientela* ao concessionário)[220].

É a integração, ainda, que torna mais fácil ao concedente impor a sua *política comercial* e *controlar a fase da distribuição*, sendo certo, por outro lado, que o concessionário também retira daí benefícios, mormente pela *posição de privilégio* e a *vantagem concorrencial* que passa a ter.

O que, tudo junto, evidencia a *função económico-social* deste contrato (a sua *causa*, "hoc sensu") e explica a sua importância e frequente utilização prática.

IV — Um último ponto, para acentuar que o contrato de concessão comercial apresenta um conjunto de notas *essenciais* que são *comuns* a todos os contratos de distribuição, aí incluída a agência, cuja *intensidade é*, porém, variável. Ao lado destas, outras notas há, *também essenciais*, mas que permitem *distingui-lo* de outras modalidades, da agência desde logo, como a actuação do concessionário *por sua conta e em seu próprio nome*.

Em relação às primeiras, pode dizer-se que a *equiparação* do concessionário ao agente, "maxime" para o efeito de *beneficiar* do regime jurídico previsto para este, dependerá do *grau de intensidade* com que se afirmam essas notas comuns e da *imagem global* que delas resulta, não sendo indispensável a presença simultânea de *todas* as características que definem o agente. Trata-se, também aqui, de recorrer, com CANARIS, a um pensamento *tipológico*, em detrimento da utilização do conceito[221].

---

[220] Questão que analisaremos mais à frente, no Cap. IV.

[221] Cfr. CANARIS, *Handelsrecht*, cit., pp. 366-367 e ULMER, *Der Vertragshändler*, cit., pp. 15,ss e 187,ss; entre nós, v. COELHO VIEIRA, *O contrato de concessão comercial*, cit., pp. 23,ss. Para mais desenvolvimentos, v. o que dissemos *supra*, n.° 19-IV.

114   *Contratos de Distribuição Comercial – Relatório*

26. Delimitação

Fomos já adiantando algumas das notas por que se distinguem os contratos de concessão comercial e de agência. Assim como já referimos que há figuras muito próximas da concessão, sendo muito ténue a linha de demarcação entre si: temos em vista os contratos de distribuição selectiva e de distribuição autorizada. Por fim, também a franquia deve confrontar-se com o contrato de concessão.

A uns e outros se dedica, de seguida, um breve apontamento. Antes, porém, convirá lembrar, tal como fizemos em relação à agência, que poderá deparar-se, em muitas situações, com figuras *híbridas*, a que haja de aplicar-se, de acordo com os princípios e regras pertinentes, o regime dos contratos mistos.

26.1. Contrato de agência

Pese embora *comunguem* de várias notas essenciais, a concessão e a agência constituem mecanismos contratuais *diversos* em ordem à distribuição de bens. Assinala-se, entre ambos, o seguinte quadro de *diferenças*:

a) Ao contrário do agente, o concessionário age *em seu nome* e *por conta própria*;

b) Diversamente do que sucede com o agente, o concessionário, em regra, *adquire a propriedade* da mercadoria;

c) É que, ao contrário do agente, o concessionário é um comerciante que *compra para revenda*, estando muitas vezes obrigado a adquirir determinada quota mínima de bens;

d) Daí que o concessionário assuma o *risco da comercialização*, podendo o seu prejuízo ser avultado, se não conseguir vender os bens que adquiriu ao concedente;

e) Beneficiando, normalmente, do *direito de exclusivo*, o concessionário detém o monopólio da venda desses bens em certo território (razão por que se designa, por vezes, de "distribuidor"), o que tem suscitado, em alguns casos, problemas delicados, no âmbito comunitário (por força do art. 81.º do Tratado de Roma);

f) As obrigações do concessionário, perante o concedente, não cessam com a alienação dos bens, estando igualmente vinculado a prestar assistência *pós-venda* aos clientes, mediante pessoal especializado e meios técnicos idóneos.

Numa palavra, enquanto o agente é um colaborador autónomo da empresa, por conta da qual se obriga a promover a celebração de contratos e, algumas vezes, a concluí-los, ele próprio, mas por conta e em nome do principal, já o concessionário actua em seu nome e por conta própria, comprando ao fabricante ou ao fornecedor mercadorias para revender a terceiros, comprometendo-se a observar determinados requisitos e a satisfazer certas obrigações.

26.2. Contrato de distribuição selectiva

Tal como o concessionário, o distribuidor selectivo é um comerciante independente que compra para revenda, actuando em seu nome e por conta própria. A doutrina que aceita a *exclusividade* como nota essencial do contrato de concessão serve-se desse facto para o distinguir da distribuição selectiva, visto que nesta última o distribuidor não beneficia de tal direito[222]. Para quem, como nós, não vê a exclusividade como nota essencial do contrato de concessão, a análise terá então de ser feita em outros termos.

A distribuição selectiva procura responder à preocupação dos titulares de grandes marcas, especialmente de produtos de luxo e de alta tecnicidade, em controlarem a distribuição e em assegurarem o *prestígio* da marca e a qualidade dos serviços através de uma apurada *selecção* de revendedores e de instalações comerciais adequadas. Por um lado, tratando-se de produtos de luxo, eles *vulgarizar--se-iam* se fossem vendidos em qualquer sítio e/ou por qualquer comerciante; por outro lado, sendo produtos de alta tecnicidade, é

---

[222] V., por ex., JEAN-JACQUES BIOLAY, *Droit de la distribution commerciale*, Paris, 1990, p. 83, bem como BEAUCHARD, *Droit de la distribution*, cit., p. 199.

necessário dispor de revendedores *competentes* e capazes de assegurar um eficaz serviço *pós-venda*[223].

Estamos, pois, perante um sistema de comercialização de produtos de marca em que o fabricante selecciona os seus revendedores em função do cumprimento de apertados *requisitos*, em regra de ordem qualitativa, *só a esses revendedores fornecendo os seus bens*. Nada impede que o revendedor comercialize outros bens concorrentes, mas só pode adquirir os produtos junto do fabricante ou de outro revendedor seleccionado; e não beneficia de qualquer direito de exclusivo, podendo ter que confrontar-se com um outro revendedor selectivo da mesma marca a operar perto de si.

Mas não é a selecção dos revendedores, *por si só*, que faz de alguém um distribuidor selectivo. Torna-se indispensável, para esse efeito, que entre as partes se estabeleçam laços de *colaboração*, que haja um *contrato-quadro* através do qual se defina e execute a *política comercial* do fabricante e se proceda à *integração* do revendedor na *rede* de distribuição selectiva[224].

Estas são notas que encontramos igualmente no contrato de concessão. Parece é que elas se afirmam com *menor* intensidade no contrato de distribuição selectiva; por outro lado, há como que uma *especialização* neste caso, em função das razões *específicas* que levam a procurar um *distribuidor selectivo*.

Os problemas que estes contratos suscitam do ponto de vista do direito da concorrência têm sido (ao menos parcialmente) ultrapassados com base em que eles tendem a assegurar um melhor serviço aos consumidores e podem contribuir para favorecer o progresso económico. Mas os critérios de selecção vão sendo apreciados com cuidado[225].

---

[223] Cfr. MARTINEK, *Aktuelle Fragen des Vertriebsrechts*, cit., pp. 8,ss; FLOHR, in MARTINEK/SEMLER, *Handbuch des Vertriebsrechts*, cit., pp. 484,ss.; BEAUCHARD, *op. cit.*, p. 199; *Lamy Droit Économique*, cit., pp. 1351, ss; MARTÍNEZ SANZ/MONTEAGUDO/PALAU RAMÍREZ, *Comentario*, cit., p. 50.

[224] Cfr. BEAUCHARD, *op. cit.*, p. 200.

[225] Como referimos *supra*, n.º 16, IV; a este respeito pode ver-se P. CESARINI, *Les systèmes de distribution sélective en droit communautaire de la concur-*

Contratos de Distribuição Comercial – Relatório 117

26.3. Contrato de distribuição autorizada

Por vezes confunde-se a distribuição selectiva com a distribuição autorizada. Mas a verdade é que esta exprime uma (ainda) *menor* integração do distribuidor na rede do fabricante; dir-se-á que ela é um *minus*, em relação à distribuição selectiva. Os próprios critérios de selecção dos revendedores autorizados são muito *menos* rigorosos e o controlo, pelo fabricante, é também *inferior*.

Por outro lado, contrariamente ao que sucede com o distribuidor selectivo, o distribuidor autorizado não é o único a poder (re)vender os produtos; e o fabricante ou fornecedor não está impedido, sequer, pelo seu lado, de vender também a revendedores não autorizados[226].

26.4. Contrato de "franchising"

Vamos analisar já de seguida o contrato de franquia. Estaremos então em melhores condições para compreender os traços que o distinguem do contrato de concessão.

27. Regime jurídico

I — Sendo a concessão comercial um contrato legalmente *atípico*, surge naturalmente o problema de saber que *regime jurídico* será de lhe aplicar. Vale aqui o que dissemos acima, quando analisámos este problema em geral, relativamente a todos os contratos de distribuição[227].

Há, no entanto, alguns aspectos que suscitam uma particular atenção: é o que sucede, muito especialmente, com o problema de

---

rence, in "Revue du Marché Unique Européen", 2-1992, pp. 81,ss, bem como o *Lamy Droit Économique*, cit., pp. 1356,ss.

[226] Cfr. o *Lamy Droit* Économique, cit., pp. 1347,ss; BEAUCHARD, *op. cit.,* p. 201 ; PIGASSOU, *La distribution integrée*, cit., pp. 481-482 ; CHAMPAUD, *La concession commerciale*, cit., p. 461 ; entre nós, MARIA HELENA BRITO, *op. cit.,* pp. 13-15.

[227] Cfr., *supra*, n.º 18.

saber se o concessionário pode valer-se da *indemnização de clientela* que a lei prevê a favor do agente; assim como é também muito debatida a questão dos *bens em stock*, no termo do contrato.

Estes problemas serão analisados no capítulo respeitante à *cessação do contrato*, onde nos debruçaremos, igualmente, sobre outras questões que reputamos poderem ser objecto de um estudo conjunto.

II — Outro aspecto a ter em conta é o que decorre do *direito da concorrência*, quer das intervenções normativas no âmbito comunitário, quer das que são produzidas no direito interno.

Como dissemos acima, importa sobretudo considerar, actualmente, o Regulamento n.º 2790/1999 da Comissão, de 22 de Dezembro de 1999, relativo à aplicação do n.º 3 do art. 81.º do Tratado CE a determinadas categorias de acordos verticais e práticas concertadas. Isto no quadro do direito comunitário.

Quanto ao direito interno, a mais do que se disse, acrescente-se que certos aspectos poderão estar salvaguardados pelo art. 4.º, n.º 3, al. *b*), do Decreto-Lei n.º 370/93, de 29 de Outubro (respeitante a práticas individuais), havendo que ponderar, todavia, em cada caso, se o contrato, ou alguma cláusula, violam a Lei de Defesa da Concorrência (Decreto-Lei n.º 371/93, de 29 de Outubro, que como já sabemos revogou o Decreto-Lei n.º 422/83, de 3 de Dezembro), "maxime" os arts. 2.º (acordos, práticas concertadas e decisões de associações de empresas), 3.º (abuso de posição dominante) e 4.º (abuso de dependência económica), ou se certas práticas, que à partida seriam proibidas, podem justificar-se nos termos e para efeitos do art. 5.º do Decreto-Lei n.º 371/93.

Assim como há que não esquecer os mencionados Regulamentos da Comissão, os quais poderão condicionar a apreciação da validade de certas cláusulas, ainda que se trate de contratos a que não seja de aplicar o direito comunitário por não haver (susceptibilidade de) afectação do comércio entre os Estados membros, a fim de impedir violações do *princípio da igualdade de tratamento*[228].

---

[228] Cfr., *supra*, n.º 16.

SECÇÃO III

CONTRATO DE FRANQUIA

28. Generalidades

I — O contrato de "franchising" surge numa linha de evolução em que sobressai a *crescente* ingerência na actividade de distribuição. Neste sentido, ele constitui um *desenvolvimento* do contrato de concessão e representa a *mais estreita* forma de *cooperação* entre empresas independentes e o *mais elevado* grau de *integração* do distribuidor (o franquiado) na *rede* da outra parte (o franquiador), em termos de gerar no público a convicção de ser o próprio fabricante, ou uma sua filial, a encarregar-se da distribuição[229].

O *intenso controlo* a que se submete o franquiado, a *acentuada dependência* em que fica perante o franquiador e a sua *forte integração* na "família" deste já levaram a falar de um *"novo feudalismo"*[230].

---

[229] Cfr., por todos, WALTER SKAUPY, *Das "Franchising" als zeitgerechte Vetriebskonzeption*, in DB, 1982, p. 2446; do mesmo autor, *Franchising. Handbuch für die Betriebs- und Rechtspraxis*, 2.ª ed., München, 1995, com uma interessante análise dos métodos de distribuição utilizados na moderna praxis e sua delimitação do sistema de "franchising": pp. 11,ss; e MARTINEK, *Moderne Vertragstypen*, Band II, *Franchising, Know-how-Verträge, Management- und Consultingverträge*, München, 1992, p. 27. Ver também já o nosso *Contrato de agência, de concessão e de franquia*, cit., p. 19 (da separata, n.° 7).

[230] Cfr. FRIEDRICH KESSLER/GRANT GILMORE/ANTHONY T. KRONMAN, *Contracts. Cases and Materials*, 3.ª ed., Boston, Toronto, 1986, pp. 634,ss, cuja secção 4 se intitula, justamente, *Franchises and the New Feudalism*. Sobre o ponto, v. ainda CHRISTIAN JÖERGES, *Contract and status in franchising law*, in "Franchising and the law. Theoretical and comparative approaches in Europe and the Uni-

II — Mas o "franchising" não se *reduz* a uma simples técnica de distribuição de bens, pese embora o relevo que assume como contrato de distribuição[231].

Ele é no entanto mais do que isso, constituindo, antes de tudo, para o franquiador, um *meio de exploração de uma ideia*, um meio de *exploração de uma fórmula bem sucedida*, e, para o franquiado, um meio de beneficiar de um *"património de conhecimentos" e dos ingredientes do sucesso comercial* obtido por outrem, sem ter de investir, para o efeito, capitais próprios.

Na esteira do Regulamento n.º 4087/88, distingue-se entre *franquia*, enquanto "conjunto de direitos de propriedade industrial ou intelectual", e *acordo de franquia*, um acordo pelo qual uma empresa concede a outra, mediante uma contrapartida financeira directa ou indirecta, o direito de explorar uma franquia.

III — Surgiu nos Estados Unidos da América, em fins do século XIX e princípios do século XX (embora se possam encontrar outros "antepassados" mais distantes), de onde foi "exportado" para a Europa. Mas não coincide, hoje em dia, o contrato de "franchising", nos continentes europeu e norte-americano.

O termo "franchising" chega a abranger, muitas vezes, nos Estados Unidos, genericamente, os contratos de distribuição, incluindo aquele que nós identificamos como de concessão comercial. A esta generalização contrapõe-se, na Europa, uma técnica contratual já (relativamente) bem definida e identificada[232].

---

ted States", Baden-Baden, pp. 11,ss (da separata). Quanto à referida *dependência* económica do franquiado, recorde-se o que dissemos *supra*, n.º 15.

[231] De novo MARTINEK, *Moderne Vertragstypen*, II, cit., pp. 50-52, 52,ss e 62,ss.; v. também KARSTEN SCHMIDT, *Handelsrecht*, cit., p. 762. Entre nós, em sentido crítico quanto ao sentido e à inclusão do "franchising" nos contratos de distribuição, M. FÁTIMA RIBEIRO, *O contrato de franquia*, cit., n.º 5.

[232] Sobre as origens e caracterização geral do "franchising", v., entre muitos, por ex., MARTINEK, *op. cit.,*, pp. 5,ss; do mesmo autor, o capítulo por si redigido in MARTINEK/SEMLER, *Handbuch des Vertriebsrechts*, cit., pp. 366,ss, com um interessante registo sobre a evolução do "franchising" nos Estados Unidos,

Contratos de Distribuição Comercial – Relatório

IV — A doutrina tem produzido inúmeros estudos sobre o "franchising", a que não é excepção a doutrina portuguesa[233].

Na vida económica assiste-se a uma forte expansão do "franchising" e depara-se, amiúde, com associações e códigos deontológicos.

No plano jurídico, registam-se as intervenções do Tribunal de Justiça das Comunidades Europeias e da Comissão Europeia, assim como é de realçar o importante Regulamento n.º 4087/88 da Comissão, de 30 de Novembro de 1988, entretanto "substituído" pelo Regulamento n.º 2790/1999, de 22 de Dezembro de 1999.

---

desde o denominado "franchising" da 1.ª geração (o *product franchising*, restrito à distribuição de produtos e correspondendo, na prática, às notas que nós hoje atribuímos ao concessionário), o "franchising" da 2.ª geração (o *package franchising*, após a 2.ª guerra mundial, em que é já a imagem empresarial do franquiador que se "transmite"), até ao "franchising" da 3.ª geração (que se afirmou a partir dos anos 70, em superação da crise dos finais dos anos 60, expandindo-se por todo o lado e originando as designadas *franchise-cities*, sob as palavras de ordem *partners for profit* e *community interest*); MARTIN J. EBNETER, *Der Franchise-Vertrag*, Zürich, 1997, pp. 3,ss; SKAUPY, *Franchising. Handbuch*, cit., pp. 1,ss; JEAN-MARIE LELOUP, *La franchise. Droit et pratique*, 2.ª ed., Paris, 1991, pp. 13,ss; ENRICO ZANELLI, *"Franchising"*, in NDI, Appendice, III, Torino, 1982, pp. 884,ss; ALDO FRIGNANI, *Factoring, leasing, franchising, venture capital, leveraged buyout, hardship clause, countertrade, cash and carry, merchandising*, Torino, 1991, pp. 203,ss; E. GALAN CORONA, *Los contratos de franchising ante el derecho communitario protector de la libre competencia*, in "Revista de Institutiones Europeas", vol. 13, Madrid, 1986, pp. 687,ss; FRAN MARTINS, *Contratos e obrigações comerciais*, 13.ª ed., Rio de Janeiro, 1995, pp. 485,ss; F. MARTÍNEZ SANZ, *Contratos de distribución comercial*, cit., pp. 358,s. Entre nós, cfr., por ex., as dissertações de Mestrado de MIGUEL GORJÃO-HENRIQUES, *Da restrição da concorrência na Comunidade Europeia: a franquia de distribuição*, cit., pp. 225,ss e de MARIA DE FÁTIMA RIBEIRO, *O contrato de franquia (franchising)*, cit., n.º 2, bem como o trabalho de MIGUEL PESTANA DE VASCONCELOS, *O contrato de franquia*, cit., pp. 11, ss,

[233] Efectivamente, são muitos os trabalhos que tomam este contrato por objecto de análise: além das obras referidas na nota anterior, v. autores e estudos citados *supra*, n.º 11 e notas (41) a (59).

29. Noção e características

I — A designação da figura («franchise» = privilégio) evoca a ideia de que a comercialização dos bens é direito ou "prerrogativa soberana" do produtor, o qual poderá conceder a outrem o *privilégio* de os vender[234]. O franquiado fica adstrito ao plano delineado pelo produtor, executa-o e surge aos olhos do público, ao distribuir os bens, com a *imagem empresarial* deste.

O franquiado é autorizado, para o efeito, a utilizar a marca, o nome, as insígnias e demais sinais distintivos de comércio do franquiador, fornecendo-lhe este assistência, conhecimentos, regras de organização, planos de comercialização, de "marketing", etc.

Trata-se de uma série *minuciosa* de prescrições, que o franquiado deve observar estritamente, e que são dispostas, em condições de uniformidade, para todos os franquiados, a fim de o franquiador poder controlar a actividade daqueles — que, apesar disso, conservam a sua independência — e, assim, de zelar pela qualidade dos produtos e/ou dos serviços fornecidos sob a sua marca, em termos de preservar a sua imagem e dos bens que comercializa.

II — Nesta linha, isto é, como contrato de distribuição, podemos apresentar o "franchising" como o contrato mediante o qual o produtor de bens e/ou serviços concede a outrem, mediante contrapartidas, a comercialização dos seus bens, através da utilização da marca e demais sinais distintivos do primeiro e em conformidade com o plano, método e directrizes prescritas por este, que lhe fornece conhecimentos e regular assistência.

Na mesma linha, dir-se-á que as *vantagens* decorrentes da utilização deste contrato são claras para o *franquiador*: ele passa a controlar e a dirigir, através de empresas independentes, a distribuição

---

[234] De privilégio ou *liberdade* fala MENEZES CORDEIRO, *Do contrato de franquia ("franchising"). Autonomia privada versus tipicidade negocial*, cit., pp. 66-67, bem como no seu *Manual de Direito Comercial*, cit., n.° 217. V. também, por ex., MARTINEK, *op. cit.,*, p. 6, e ENRICO ZANELLI, *op. cit.*, p. 889.

dos bens, como se fosse uma sua filial a agir, mas sem os pesados custos e riscos inerentes a tal situação; permite-lhe, além disso, zelar pela qualidade dos serviços, uniformizar as condições de venda e difundir o seu nome, insígnias e a marca dos produtos; e recebe contrapartidas financeiras pela fórmula que criou e vai assim explorando.

O *franquiado*, por sua vez, *beneficia*, logo à partida, da possibilidade de comercializar bens já conhecidos do público (bens "pré-vendidos"), utilizando a marca e demais sinais distintivos de uma grande empresa, de projecção internacional, muitas vezes; poupa, assim, investimentos que, de outro modo, teria de suportar, sem os riscos sempre inerentes ao lançamento de produtos e/ou serviços; beneficia, por outro lado, da assistência técnica, dos conhecimentos e da experiência que lhe são transmitidos pelo franquiador; passa a fazer parte, em suma, de um sistema de integração vertical, que lhe permite beneficiar comercialmente do poderio e renome de uma grande empresa[235].

II — Mas é claro que o "franchising" (como já dissemos atrás) não se esgota nem se reduz a um contrato de distribuição, pelo que as ideias avançadas, quer quanto ao seu perfil, quer quanto às vantagens que lhe são inerentes, terão de ter em conta esse facto.

Em termos simples e englobantes, poder-se-á então definir o "franchising" como o contrato pelo qual alguém (franquiador) *autoriza* e *possibilita* que outrem (franquiado), mediante *contrapartidas*, actue comercialmente (produzindo e/ou vendendo produtos ou serviços), de modo estável, *com a fórmula de sucesso do primeiro* (sinais distintivos, conhecimentos, assistência...) e surja aos olhos do público com a sua *imagem empresarial*, obrigando-se o segundo a actuar nestes termos, a respeitar as *indicações* que lhe forem sendo dadas e a aceitar o *controlo e fiscalização* a que for sujeito.

---

[235] Observa, a propósito, MODESTO BESCÓS TORRES, *Factoring y franchising. Nuevas técnicas de domínio de los mercatos exteriores*, Madrid, 1990, p. 120: descobre-se que não basta ter um produto para aceder a um mercado, falta algo mais, "uma qualificação, uma marca, uma aparência ou roupagem personalizada, um emblema, uma ideia ou um formato inovador e atractivo".

124   *Contratos de Distribuição Comercial – Relatório*

30. Contratos de concessão e de franquia

O confronto com o contrato de concessão comercial facilita a compreensão do contrato de franquia, ao mesmo tempo que nos permite distingui-lo do primeiro[236].

Assim, começamos por notar que, do mesmo modo que o concessionário, é o franquiado um comerciante que, "grosso modo", compra para revenda, actuando em seu nome e por conta própria e assume os riscos da comercialização. Habitualmente, beneficia também do direito de exclusivo e em ambos os casos se pode verificar uma obrigação de assistência aos clientes, bem como uma interferência da contraparte (concedente/franquiador) na sua organização.

As diferenças são, todavia, claras[237]:

a) Por um lado, a *ingerência* do franquiador na actividade do franquiado — na sua organização, nos planos de fabrico e métodos de venda, na política de "marketing", etc. — é muito mais *acentuada* e *extensa* do que na concessão.

b) Por outro lado, o franquiado comercializa os bens *mediante a utilização obrigatória da marca e demais sinais distintivos de comércio* pertencentes ao franquiador[238].

---

[236] Para a distinção do contrato de "franchising" de outras figuras, designadamente da licença de exploração de marca, do contrato de "know-how", da agência, do contrato de trabalho e do contrato de sociedade, cfr., por todos, MIGUEL PESTANA DE VASCONCELOS, *O contrato de franquia*, cit., pp. 39,ss.; no direito comparado, MARTINEK, in MARTINEK/SEMLER, *Handbuch*, cit., pp. 398,ss, e BACCHINI, *Le nuove forme speciali di vendita ed il franchising*, cit., pp. 274,ss.

[237] Ao menos em teoria, pois na prática surgem dificuldades, por vezes, em qualificar a relação contratual.

[238] Na concessão, o concessionário actua sob nome e insígnia próprios e utiliza métodos de comercialização seus, pese embora tenha de adequar-se à política comercial do concedente. Já na franquia não é assim. Aqui o franquiado age com os sinais do franquiador e utiliza o "know-how" que este lhe fornece. É que, como dissemos, há uma procurada identificação, *para o exterior*, entre os contraentes, o que leva o franquiado a actuar com a *imagem empresarial* do franquiador. Cfr., neste sentido, OLIVEIRA ASCENSÃO, *Direito Comercial*, vol. II, *Direito industrial*, cit., p. 313; v. também KARSTEN SCHMIDT, *Handelsrecht*, cit., p. 763.

c) Em terceiro lugar, a licença de utilização destes sinais é *necessariamente* acompanhada do fornecimento de "*know-how*"[239], de assistência, de métodos e planos de mercado, de conhecimentos tecnológicos, de directrizes sobre a política de "marketing" e dos meios publicitários a utilizar, etc.

d) Finalmente, é habitual, nos contratos de franquia, o pagamento, pelo franquiado, de *contrapartidas*, pelos benefícios que resultam da utilização da marca e dos conhecimentos e assistência que recebe: essas contrapartidas traduzem-se, em regra, no pagamento inicial de certa importância (direito de entrada), acrescida do pagamento de outras quantias periódicas ("royalties").

Assim, pese embora o facto de possuírem algumas características comuns, são significativas as diferenças que os separam, mostrando-se o "franchising" um meio mais idóneo e adequado à política de integração vertical do produtor. Pode afirmar-se, neste sentido, representar a franquia um avanço qualitativo, em relação ao contrato de concessão, no esforço de o produtor se aproximar da fase de distribuição — melhor, de nela intervir —, controlando-a e dirigindo-a, mas servindo-se de empresas independentes.

31. Modalidades

I — A franquia pode aparecer sob várias modalidades. Segundo a classificação operada pelo Tribunal de Justiça das Comunidades

---

[239] Considera LELOUP (*La franchise*, cit., pp. 25,ss), como elementos fundamentais do contrato, precisamente, a comunicação de um *saber-fazer* (que para HUBERT BENSOUSSAN, *Le droit de la franchise*, Rennes, 1997, pp. 121,ss, é a "*clef du système*") e a autorização para usar os *sinais distintivos* do franquiador (quanto ao "saber-fazer", entre nós, cfr. MARIA GABRIELA FIGUEIREDO DIAS, *A assistência técnica nos contratos de know-how*, Coimbra, 1995, pp. 30,ss). Mas também o controlo e a obrigação de assistência se revelam fundamentais para a caracterização do contrato de franquia.

126 *Contratos de Distribuição Comercial – Relatório*

Europeias[240], que entretanto vai sendo adoptada pela doutrina[241] e foi acolhida no Regulamento n.° 4087/88 da Comissão, haverá que distinguir uma *franquia de serviços*, em que o franquiado oferece serviços sob a insígnia, o nome comercial ou a marca do franquiador, conformando-se às directrizes deste (exemplos: Avis, Hertz); uma *franquia de produção ou industrial*, em que é o próprio franquiado que fabrica, segundo as indicações do franquiador, produtos que ele vende sob a marca deste (exemplos: Coca-Cola e Pepsi-Cola); e, por último, uma *franquia de distribuição*, limitando-se o franquiado a vender certos produtos num local que usa a insígnia do franquiador (exemplos: Pronuptia, Benetton, Foto-Quelle, Cenoura).

II — Para além destas, várias outras modalidades vão sendo apontadas pela doutrina[242].

Assim, por exemplo, distingue-se o *package franchise* do *product franchise*: no primeiro, o franquiador autoriza o franquiado a actuar de acordo com a sua imagem empresarial (corresponde ao "franchising" praticado na Europa); no segundo, depara-se com simples licenças para vender produtos de marca, em exclusividade ou com outros produtos (o que suscita especiais dificuldades de demarcação de outros contratos). Recorde-se que o "product franchising" corresponde ao "franchising" da primeira geração.

De particular relevo no âmbito internacional é o chamado *master franchising*. Aqui, o franquiador acorda com alguém, situado na zona onde ele pretende entrar, que este celebre contratos de franquia com

---

[240] Acórdão de 28 de Janeiro de 1986, no célebre caso "Pronuptia", proc. 161/84 — cfr. a RTDE, 1986, pp. 298,ss.

[241] Entre nós, por ex., MENEZES CORDEIRO, *Manual de Direito Comercial*, cit., n.° 218; v. também CANARIS, *Handelsrecht*, cit., p. 380.

[242] Entre outras, para lá das que referimos em texto, podem mencionar-se: a franquia directa, indirecta e associativa; franquia de balcão; franquia móvel; contrato de pré-franquia e contrato de "pilotage" (que não serão ainda contratos de franquia, mas preparatórios do contrato de franquia a celebrar); franquia própria e franquia imprópria. Por todos, pode ver-se MARIA DE FÁTIMA RIBEIRO, *O contrato de franquia*, cit., n.°s 17-24.

Contratos de Distribuição Comercial – Relatório 127

terceiros. Há, assim, um denominado contrato de franquia principal e, depois, sub-contratos de franquia. Para além dos problemas que suscita, no âmbito do sub-contrato, há quem duvide, mesmo, da qualificação do primeiro como autêntico contrato de "franchising"[243].

32. Regime jurídico

I — Tal como a concessão, também "o franchising" é um contrato legalmente *atípico*, pelo que se coloca, de novo, o problema de saber que *regime jurídico* será de lhe aplicar. Vale, em princípio, a doutrina que expusemos, em geral, para os contratos de distribuição[244].

Quanto ao problema, muito debatido, de saber se aproveitará ao franquiado a *indemnização de clientela* prevista a favor do agente, teremos ocasião de analisar esse problema no capítulo da *cessação do contrato*.

II — Poder-se-á ter que tomar em especial consideração o regime do contrato de licença (designadamente a redução do contrato a escrito, por força do art. 30.º do Código da Propriedade Industrial). Isto porque, como é sabido, o "franchising" é um contrato *misto*, em que avultam as componentes do contrato de gestão de interesses alheios e da licença de exploração de direitos de propriedade industrial[245].

Acrescente-se que, tal como a concessão, o "franchising" é também um *contrato-quadro* que faz surgir entre as partes uma *relação duradoura*, pautada por uma estreita *colaboração* e apertados laços de *confiança*, o que não pode ser esquecido na determinação

---

[243] Cfr. M. Fátima Ribeiro, *op. cit.*, n.º 20, e Isabel Oliveira Alexandre, *O contrato de franquia*, cit., p. 354.

[244] Cfr. *supra*, n.º 18.

[245] Canaris, *Handelsrecht*, cit., pp. 380 e 384-387; Karsten Schmidt, *Handelsrecht*, cit., pp. 766-767; Martinek, *Moderne Vertragstypen*, II, cit., pp. 35,ss; Oliveira Ascensão, *Direito Industrial*, cit., pp. 303,ss.; Martinez Sanz, *Contratos de distribución comercial*, cit., p. 359.

128   Contratos de Distribuição Comercial – Relatório

do seu regime jurídico, "maxime" para efeitos de resolução do contrato. E convém também lembrar esse traço fundamental, comum a todos os contratos de distribuição, que é a obrigação de *promover* os interesses da outra parte[246], o que constitui um forte apoio para o recurso às regras do contrato de agência.

Finalmente, o regime das cláusulas contratuais gerais terá de ser, em muitos casos, considerado, assim como será de ter em conta, possivelmente, o diploma da responsabilidade do produtor.

III — Por último, também o contrato de franquia interessa de modo particular ao *direito da concorrência*.

Como explicámos acima[247], no plano do direito comunitário o contrato de franquia é susceptível de levantar problemas no tocante ao art. 81.° do Tratado, importando considerar, para este efeito, o Acórdão "Pronuptia", as decisões da Comissão relativas a pedidos de isenção individual[248], o Regulamento n.° 4087/88 e, muito especialmente, o Regulamento n.° 2790/1999, da Comissão, de 22 de Dezembro de 1999, relativo à aplicação do n.° 3 do art. 81.° do Tratado CE a determinadas categorias de acordos verticais e práticas concertadas.

Este Regulamento substituiu o Regulamento n.° 4087/88 (embora aquele tenha um âmbito mais vasto), deixando assim o contrato de franquia de beneficiar de um tratamento especial, como sucedia nesse Regulamento, ao contrário do que se passa, hoje, com o Regulamento n.° 2790/1999. Este Regulamento procura abranger todos

---

[246] *Supra*, n.° 19.

[247] *Supra*, n.° 16.

[248] Decisões de 17 de Outubro (YVES ROCHER) e de 17 de Dezembro de 1986 (PRONUPTIA), de 13 de Julho de 1987 (COMPUTERLAND), de 14 de Novembro de 1988 (SERVICE MASTER) e de 2 de Dezembro de 1988 (CHARLES JOURDAN): cfr., respectivamente, JOCE n.° L8/49, de 10 de Janeiro de 1987; n.° L 13/39, de 15 de Janeiro de 1987; n.° L 222/12, de 10 de Agosto de 1987; n.° L 332/38, de 3 de Dezembro de 1988; e L 35/31, de 7 de Fevereiro de 1989.

Contratos de Distribuição Comercial – Relatório

os acordos verticais relativos à distribuição e, assim, fornecer uma disciplina uniforme para tal matéria[249].

Quanto ao direito interno, já sabemos que é o Decreto-Lei n.º 371/93, de 29 de Outubro (Lei de Defesa da Concorrência), que importa ter em conta[250].

---

[249] Mas continua de fora o sector relativo à distribuição de veículos automóveis, para o qual se mantém em vigor o Regulamento n.º 1475/1995. Assim RAIMONDO RINALDI, *Il nuovo Regolamento della Comissione Europea sugli accordi verticali*, in DCI, Abril-Junho 2000 (pp. 479,ss), pp. 482,ss.

[250] Cfr., *supra*, n.º 16. Entre nós, v., especialmente, MIGUEL GORJÃO-HENRIQUES, *Da restrição da concorrência*, cit., pp. 333,ss.; M. FÁTIMA RIBEIRO, *O contrato de franquia*, cit., n.ºs 10 e 11; M. PESTANA DE VASCONCELOS, *O contrato de franquia*, cit., pp. 125,ss; OLIVEIRA ASCENSÃO, *Direito Industrial*, cit., pp. 323,ss; MENEZES CORDEIRO, *Manual de Direito Comercial*, cit., n.º 220.

CAPÍTULO IV

CESSAÇÃO DO CONTRATO

33. Sequência

I — Vamos tratar agora da cessação do contrato, não sendo ousado dizer que esta é uma das matérias mais importantes e de maior relevo prático.

II — Os problemas que vamos analisar de seguida são *comuns* às várias espécies de contratos de distribuição. É este um dos pontos em que mais se justifica o estudo *conjunto* de tais problemas, pois o regime, no essencial, é o mesmo; é aqui — *et pour cause* — que mais facilmente se pode falar de *regime jurídico dos contratos de distribuição*. Indo mais longe, vários desses problemas são até comuns aos *contratos duradouros*.

Isso não significa, todavia, que não haja particularidades a registar. É o caso, por exemplo, do destino dos bens em "stock", no termo do contrato de concessão comercial ou de franquia, problema este que, em princípio, não se põe no contrato de agência. Assim como é ainda o caso da indemnização de clientela a favor do concessionário e/ou do franquiado, questão muito discutida lá fora, particularmente no direito alemão.

III — Daí que os vários aspectos que vamos estudar de seguida tomem como ponto de *apoio legal* o Decreto-Lei n.° 178/86, pois o *regime da agência* é aqui *aplicável* a todos os contratos de distribuição, nos termos atrás explicados[251]. Mas particularizaremos sempre que for caso disso, tendo em conta os desvios ou as especialidades que os contratos de concessão comercial e de franquia possam suscitar[252].

34. Formas de cessação

I — Posto isto, vejamos então, em primeiro lugar, quais as formas de cessação do contrato, quais os modos por que pode cessar qualquer contrato de distribuição comercial.

II — As regras que o art. 24.º consagra a respeito do contrato de agência valem, com toda a naturalidade, para qualquer contrato de distribuição, bem como, repete-se, para os contratos duradouros. Assim, o contrato pode cessar por acordo das partes, caducidade, denúncia ou resolução.

III — Antes de passarmos a analisar cada uma delas, convém referir que poderá ser de considerar também o regime jurídico das

---

[251] Cfr., *supra*, n.º 18, importando recordar o que aí dissemos relativamente aos *dois momentos* que o recurso à analogia implica. Entretanto, na jurisprudência (cfr., *supra*, nota 116), como exemplo de uma atitude porventura até demasiado "aberta" (porque aparentemente *automática*) à aplicação do regime da agência, v. o Acórdão da Relação de Lisboa de 2 de Dezembro de 1999: "No entanto, *porque inserido na família dos contratos de distribuição comercial*, tal como na sentença, considera-se que se lhe [ao contrato atípico dos autos] aplica *o regime do contrato de agência* regulado no citado Decreto-Lei n.º 178/86, *no domínio da cessação do contrato*, regime este, aliás, que as partes não questionam" (CJ, ano XXIV, tomo V, pp. 112,ss, 113, 2.º col., sublinhado nosso).

[252] Não foi outra a atitude do legislador de Macau, ao *remeter*, nos arts. 673.º e 704.º do Código Comercial, a disciplina da cessação dos contratos de concessão e de franquia, respectivamente, para as disposições relativas à cessação do contrato de agência, salvo onde consagre preceitos especiais. Acrescente-se, a propósito, que é manifesta a influência do regime da agência também na disciplina de vários outros aspectos daqueles contratos, assim como é manifesta, igualmente, a influência da lei portuguesa (Decreto-Lei n.º 178/86) no regime da agência que vigora em Macau.

cláusulas contratuais gerais/contratos de adesão (Decreto-Lei n.º 446/85, de 25 de Outubro, com as modificações introduzidas pelos Decretos-Lei n.º 220/95, de 31 de Agosto, e n.º 249/99, de 7 de Julho)[253], o que é susceptível de assumir especial importância em sede de denúncia e de resolução do contrato (atente-se, designadamente, nos arts. 18.º, al. j), 19.º, al. f), e 22.º, n.º 1, als. c), h) e i), e n.º 2, al. b), do mencionado regime).

35. Mútuo acordo

I — Essencialmente por razões de segurança, o art. 25.º prescreve que o acordo pelo qual as partes decidem pôr termo à relação contratual deve constar de documento escrito. E essa será a única nota particular, numa regra que resultaria já dos princípios gerais (art. 406.º, n.º 1, do Código Civil).

II — Trata-se de um acordo que deverá reunir, nos termos gerais, os requisitos de validade do negócio jurídico.

Este novo acordo — o acordo extintivo ou *contrarius consensus*[254] — pode surgir em qualquer contrato, por tempo determinado ou por tempo indeterminado, e não haverá lugar, por isso mesmo — por haver *acordo* das partes —, à aplicação do regime das outras formas de cessação do contrato, nem fará sentido falar aqui de uma violação dos respectivos preceitos legais ou da necessidade de um qualquer aviso prévio.

O mútuo acordo é uma forma *autónoma* de fazer cessar o contrato. Quer dizer: *por acordo*, pode fazer-se cessar um contrato por tempo determinado *antes do prazo* inicialmente previsto ou, sendo por tempo indeterminado, *a qualquer momento e com efeitos imediatos* (portanto, sem aviso prévio).

---

[253] V. indicações bibliográficas *supra*, nota (74). Cfr., a propósito, JÜRGENS EVERS/KURT V. MANTEUFFEL, *Die Inhaltskontrolle von Handelsvertreterverträgen*, GÖTTINGEN, 1998, pp. 5,ss e *passim*.

[254] Cfr. C. MOTA PINTO, *Teoria Geral do Direito Civil*, cit., pp. 620-621.

36. Duração do contrato

I — Antes de passarmos a analisar as demais formas de extinção, convém prestar alguns esclarecimentos a respeito da duração do contrato, pelas implicações que este ponto tem em algumas dessas formas de cessação. Na verdade, como veremos, a *caducidade* ocorre nos contratos por tempo *determinado*, ao passo que a *denúncia* é privativa dos contratos por tempo *indeterminado*.

II — As partes podem estabelecer o período de tempo por que vigora o contrato, o período de tempo durante o qual manterão as suas relações comerciais: diz-se, neste caso, que o contrato é celebrado por *tempo determinado*. É o que acontece quando as partes estipulam um *termo final*, certo (*dies certus an certus quando*) ou incerto (*dies certus an incertus quando*)[255]. No primeiro caso, as partes vinculam-se até determinada data (por exemplo, até 31 de Dezembro de 2001) ou durante determinado período de tempo (por exemplo, durante 1 ano); no segundo caso, as partes vinculam-se, por exemplo, em função de determinado objectivo ou escopo (até completo escoamento da mercadoria em armazém ou dos bens em "stock").

Mas as partes podem nada dizer acerca da duração do contrato ou referirem expressamente que ele se manterá até que, qualquer delas, livremente, mediante aviso prévio, o faça cessar: considera-se, neste caso, que o contrato é celebrado por *tempo indeterminado*.

III — Não há limites *mínimos* nem *máximos* para a duração do contrato.

Mas isso não impede que, por aplicação dos princípios gerais, possa ser *razoável*, à luz da *boa fé*, exigir um tempo mínimo de

---

[255] V., por ex., MANUEL DE ANDRADE, *Teoria Geral da Relação Jurídica*, vol. II, Coimbra, 1972 (reimp.), pp. 385,ss, J. DIAS MARQUES, *Teoria Geral do Direito Civil*, II, cit., pp. 146,ss e C. MOTA PINTO, *Teoria Geral do Direito Civil*, cit., pp. 573,ss.

Contratos de Distribuição Comercial – Relatório

vigência do contrato; ou, pelo contrário, dentro do espírito adverso a *vínculos perpétuos*, impor um limite temporal máximo ao contrato (o limite de 30 anos, consagrado, para a locação, no art. 1025.º, será porventura um bom indicador).

IV — Outro aspecto a considerar (de resto, já atrás analisado)[256] é o que tem a ver com a *renovação* por tempo indeterminado do contrato que continue a ser cumprido após o decurso do prazo[257].

Convém recordar que este princípio, consagrado no art. 27.º, n.º 2, não valerá se as partes tiverem estipulado, elas próprias, que o contrato se *prorrogará* por um outro período, de igual ou de diferente duração.

Especial interesse e dificuldade suscita, como já sabemos, a *cláusula de prorrogação por períodos sucessivos*, a qual, independentemente das implicações que possa ter na qualificação temporal do contrato, leva a que a oposição de qualquer das partes à prorrogação do mesmo deva ser comunicada à outra com a *antecedência mínima* prevista para a denúncia.

37. Caducidade

I — Dá-se a *caducidade* quando o contrato cessa automaticamente, sem necessidade de qualquer manifestação de vontade das partes. Logo que ocorra certo evento, o contrato cai por si: é o que acontece, por exemplo, com o decurso do prazo, nos contratos por tempo determinado.

---

[256] Quando nos debruçámos sobre a estabilidade, enquanto elemento essencial do contrato de agência: cfr., *supra*, n.º 22.4.

[257] Tecnicamente, é de uma *renovação* que se trata, pese embora a lei (art. 27.º, n.º 2) fale hoje de "transformação". V., a propósito, GALVÃO TELLES, *Contratos civis*, in BMJ n.º 83, pp. 114,ss, 152-153, e sobretudo RUI DE ALARCÃO, *A confirmação dos negócios anuláveis*, I, Coimbra, 1971, pp. 107,ss. Para um comentário à alteração do texto da norma, cfr. o nosso *Contrato de agência. Anotação.*, cit., pp. 97-98, e CARLOS LACERDA BARATA, *Anotações ao novo regime do contrato de agência*, cit., pp. 69-70.

II — Os eventos que, de modo *especial*, levam à caducidade do contrato de agência, constam do art. 26.°. Trata-se de um elenco meramente exemplificativo. Entre outras situações que, *ope legis*, determinam a caducidade do contrato, figura a declaração de falência do agente ou do principal (art. 168.° do Código dos Processos Especiais de Recuperação da Empresa e de Falência)[258].

38. Denúncia

I — Começamos por chamar a atenção para o facto de se tratar de matéria em que a terminologia jurídica é muito fluida e serem frequentes as divergências sobre os termos da distinção, tanto na lei como na doutrina[259]. Impõe-se, por isso, dizer o que entendemos por *denúncia*.

Trata-se de uma forma típica de fazer cessar relações duradouras por tempo indeterminado. Qualquer das partes, livre e discricionariamente — *ad libitum* ou *ad nutum* —, através de uma declaração unilateral receptícia[260] dirigida à outra parte, pode fazer cessar o contrato. É um direito potestativo de que goza.

---

[258] No mesmo sentido, cfr. L. CARVALHO FERNANDES/JOÃO LABAREDA, *Código dos Processos Especiais de Recuperação da Empresa e de Falência Anotado*, 3.ª ed., Lisboa, 1999, p. 434. Relativamente a outras situações determinantes da caducidade do contrato, para lá das que o art. 26.° (exemplificativamente) enumera, v. M. JANUÁRIO GOMES, *Apontamentos sobre o contrato de agência*, cit., pp. 29-30.

[259] Fala-se, designadamente, de caducidade, de revogação, de rescisão, de denúncia, de resolução e de dissolução. Cfr., por ex., M. J. ALMEIDA COSTA, *Direito das Obrigações*, cit., p. 279,ss; ANTUNES VARELA, *Das Obrigações em geral*, vol. II, cit., pp. 273,ss; PEREIRA COELHO, *Arrendamento*, ed. policop., Coimbra, 1984, pp. 217,ss; C. MOTA PINTO, *Teoria Geral do Direito Civil*, cit., pp. 618,ss; VAZ SERRA, *Resolução do contrato*, BMJ n.° 68, pp. 153,ss; GALVÃO TELLES, *Manual dos contratos em geral*, 3.ª ed., Lisboa, 1965, pp. 347,ss; BRANDÃO PROENÇA, *A resolução do contrato no direito civil (do enquadramento e do regime)*, Coimbra, 1982, pp. 38,ss.

[260] Ou recipienda, como prefere MENEZES CORDEIRO (*Tratado de Direito Civil*, I, cit., p. 344) e que corresponderá à designação tradicional utilizada na Faculdade de Direito de Lisboa.

Esta faculdade restringe-se aos contratos por tempo indeterminado e constitui uma forma de obviar a vínculos *perpétuos*, o que constituiria uma inadmissível limitação à *liberdade* das pessoas e seria contrária à *ordem pública*. Não existe, neste domínio dos contratos de distribuição, um interesse social tão elevado que justifique as fortes limitações à regra da livre denúncia com que se depara em matéria do contrato de trabalho e do contrato de arrendamento[261].

II — Quanto aos requisitos a observar, já dissemos que a denúncia se exerce livremente, sem que o contraente que dela se socorre tenha de apresentar qualquer motivo ou justificação. De todo o modo, deve *comunicá-la* à outra parte com determinada antecedência relativamente à produção dos efeitos extintivos, isto é, deve respeitar um tempo de *pré-aviso*. No caso da agência, deve essa comunicação revestir a forma *escrita* (art. 28.°, n.° 1).

Na verdade, há que obstar a que, sem motivos sérios, qualquer das partes faça cessar bruscamente a relação contratual, tendo em

---

[261] V., a propósito, C. Mota Pinto, *Teoria Geral*, cit., pp. 622,ss.; Galvão Telles, *Contrato duradouro com termo final. Denúncia,* Parecer publicado na CJ, ano XI, tomo III, pp. 17,ss; Baptista Machado, *Contrato de locação de estabelecimento comercial. Denúncia e resolução*, CJ, ano XIV, tomo II, pp. 21,ss; Menezes Cordeiro, *Direito das Obrigações,* vol. 2.°, Lisboa, 1986 (reimp.), p. 166; Paulo Henriques, *A desvinculação unilateral ad nutum,* cit., pp. 193,ss; Januário Gomes, *Em tema de revogação do mandato civil,* Coimbra, 1989, pp. 73,ss. No direito comparado, por todos, cfr. a "Habilitationsschrift" de Hartmut Oetker, *Das Dauerschuldverhältnis und seine Beendigung,* Tübingen, 1994, obra fundamental sobre a cessação da relação obrigacional duradoura, onde, a pp. 248,ss e 451,ss, se trata, especialmente, da denúncia (*die Kündigung*) e das suas implicações nos princípios "pacta sunt servanda" e da protecção da liberdade das pessoas. Mas v. também a tese de doutoramento de Rafael Lara Gonzalez, *Las causas de extincion del contrato de agencia*, Madrid, 1998, esp. pp. 155,ss, sobre a denúncia, bem como o volume *La cessation des relations contractuelles d'affaires*, Presses Universitaires d'Aix-Marseille, 1997, que contém os trabalhos apresentados no Colóquio organizado pelo "Institut de Droit des Affaires", esp. o estudo de Jacques Mestre, *Résiliation unilatérale et non-renouvellement dans les contrats de distribution*, pp. 13,ss, e ainda Ragel Sanchez, *La denuncia unilateral sin justa causa en el contrato de agencia por tiempo indeterminado*, in "Anuario de Derecho Civil", tomo XXXVIII, Madrid, 1985, pp. 61,ss.

138 *Contratos de Distribuição Comercial – Relatório*

conta os prejuízos, de vária ordem, que o termo súbito do contrato acarretaria para a outra parte. Exige-se, assim, que a decisão seja comunicada ao outro contraente com determinada *antecedência mínima*. Quer dizer: ou há uma razão, fundada na lei ou em convenção das partes, que justifica o termo imediato do contrato — através do direito de resolução —, ou essa razão não existe, pelo que o contrato só poderá cessar pela via da denúncia, desde que comunicada com a antecedência mínima exigida.

Pretende-se, com a necessidade de pré-aviso, evitar, como se disse, rupturas bruscas, em prejuízo do outro contraente. Existirá sempre algo de aleatório, ao concretizar, através de prazos fixos, a antecedência com que a denúncia deve ser exercida. Ser-se-á tentado a dizer que deve ser comunicada com uma antecedência razoável, conforme a importância e duração do contrato, as expectativas das partes e as demais circunstâncias do caso.

Esta foi a fórmula que o legislador utilizou, para a agência, no art. 28.º, n.º 1, al. c), na redacção inicial desta norma, para os contratos que tivessem vigorado durante mais de um ano. Mas este preceito foi entretanto alterado, com o Decreto-Lei n.º 118/93, tendo sido consagrados somente prazos fixos.

III — A antecedência mínima com que a declaração de denúncia, no contrato de agência, deve ser comunicada ao outro contraente, é fixada nas als. *a)*, *b)* e *c)* do n.º 1 do art. 28.º.

O legislador havia optado por estabelecer dois critérios: para os contratos que durassem há menos de um ano, o tempo de pré-aviso era fixo, dependendo apenas, quanto à sua extensão, de vigorarem ou não há mais de seis meses; para os restantes, o tempo de pré-aviso variava em função dos factores mencionados na al. *c)* (texto inicial). É que pode justificar-se perfeitamente que contratos com o mesmo tempo de vigência devam ter prazos de pré-aviso diferentes, ainda que com o inconveniente de não permitir a quem decide denunciar o contrato saber, com segurança, qual a antecedência mínima a observar[262].

---

[262] Cfr. o nosso *Contrato de agência (Anteprojecto)*, cit., BMJ n.º 360, pp. 107,ss., n.º 23.

Fora preocupação do legislador, como se depreende dos prazos anteriormente estabelecidos, acautelar devidamente os interesses dos contraentes contra uma imprevista e súbita cessação do contrato (cfr., no mesmo sentido, o preâmbulo deste diploma legal, n.º 5). Essa preocupação é hoje consideravelmente menor, conforme resulta da redacção actual do n.º 1 do art. 28.º. Repare-se que se o contrato já tiver completado dois anos de vigência o pré-aviso legal é sempre de três meses, haja ele iniciado o terceiro ou o trigésimo ano de vigência[263]. De todo o modo, o respeito do prazo legal (ou do prazo convencionado) não obsta a que o outro contraente, de acordo com os princípios gerais, possa socorrer-se, sendo caso disso, do instituto do *abuso do direito* (art. 334.º do Código Civil).

Evidentemente que as partes poderão precaver-se, pois o disposto no art. 28.º não obsta a que elas próprias acordem num tempo de pré-aviso diferente, desde que não inferior ao legalmente fixado. A norma limita-se a estabelecer a antecedência *mínima* com que a denúncia deverá ser comunicada. As partes terão interesse, aliás, em estabelecer prazos superiores, sempre que, por exemplo, o contrato implique investimentos elevados.

IV — Recorde-se, porém, que será de exigir, à luz do princípio da *boa fé* e da proibição do *abuso de direito*, que o contrato só possa ser denunciado *depois de ter decorrido um período de tempo razoável* — e não imediatamente ou pouco tempo após o seu início de vigência[264].

---

[263] A Directiva não exigia a consagração de tempos de pré-aviso tão curtos, permitindo que ele fosse até 6 meses — possibilidade de que aproveitou, aliás, o legislador alemão, que aumentou de 3 para 6 meses o tempo de pré-aviso anteriormente previsto (v. § 89,1 do HGB). Sobre a posição de outros direitos e em crítica à redacção actual, nesse ponto, do nosso art. 28.º, cfr. ANTÓNIO PINTO MONTEIRO, *Contrato de agência. Anotação*, cit., pp. 101,ss.

[264] PAULO HENRIQUES considera mesmo essa exigência como um "pressuposto de legitimação do exercício do direito de denúncia", que relaciona com o fundamento deste direito, a tutela da liberdade dos sujeitos (*A desvinculação unilateral "ad nutum"*, cit., pp. 213,ss e 230,ss).

140   *Contratos de Distribuição Comercial – Relatório*

Acrescente-se, entretanto, que a jurisprudência tem sido *exigente* na definição do tempo de pré-aviso a respeitar em caso de denúncia de contratos a que se aplique a redacção anterior da al. c)[265].

Por outro lado, relativamente aos tempos mínimos de pré-aviso legalmente fixados, note-se que eles poderão ser algo *dilatados*, por força do n.º 2 do mesmo art. 28.º, sempre que não coincidam com o último dia do mês. Assim como, tendo as partes acordado prazos mais longos, o prazo a observar pelo principal não pode ser inferior ao do agente (art. 28.º, n.º 3).

V — Temos para nós que os tempos mínimos de pré-aviso fixados no art. 28.º não serão de aplicar, por analogia, aos contratos de concessão e de "franchising". Não tanto, ou não apenas, por se afigurarem demasiado *curtos*, mas também, e sobretudo, por estes contratos implicarem, via de regra, *investimentos* de muito maior vulto, suportados pelo concessionário e pelo franquiado, do que os investimentos que normalmente estarão a cargo do agente. Assim, ter-se-á que apurar, em cada caso, qual a antecedência *razoável*, em face das circunstâncias, para que a denúncia possa ser exercida licitamente.

Ora, entre as circunstâncias a ter em atenção contam-se, muito especialmente, os *investimentos* que o distribuidor haja feito, "maxime" se *incentivados* ou *consentidos* (expressa ou tacitamente) pela contraparte, e o tempo necessário para a respectiva *amortização*.

---

[265] Assim, nos casos decididos pelos Acórdãos da Relação de Coimbra de 11 de Março de 1997 (com a particularidade de aqui não ter estado em causa um contrato de distribuição), da Relação do Porto de 27 de Junho de 1995 e da Relação de Lisboa de 7 de Outubro de 1993, o pré-aviso foi de *doze meses* (cfr., respectivamente, a CJ, ano XXII, tomo II, p. 24, a RLJ, ano 130.º, p. 22, e a CJ, ano XVIII, tomo V, p. 136); o Acórdão do Supremo Tribunal de Justiça de 27 de Outubro de 1994 determinou que ele fosse de *nove meses* (CJ – Acs. STJ, ano II, tomo III, p. 105); e a Relação de Coimbra, no seu Acórdão de 26 de Novembro de 1996, fixou-o em *seis meses* (CJ, ano XXI, tomo V, p. 33). Em qualquer caso, como se vê, trata-se de tempos de pré-aviso bem *superiores* àquele que a al. c) do art. 28.º actualmente consagra.

Contratos de Distribuição Comercial – Relatório

VI — Mediante o pré-aviso, o contraente que denuncia o contrato comunica à outra parte que ele *cessará* uma vez *decorrido* o prazo de pré-aviso. Mas importa sublinhar que o contrato *se mantém enquanto esse prazo não se esgota*, que o contrato continua *em vigor* no período de tempo que medeia entre o pré-aviso e a data de cessação pré-anunciada.

Daí que, por um lado, ambas as partes *continuem adstritas às respectivas obrigações* e, por outro lado, o tempo de pré-aviso deva ser *considerado* para o efeito de apurar o tempo de *duração* total do contrato, o que poderá relevar para o apuramento do montante de eventuais indemnizações devidas.

É claro que nada impede que as partes, *por mútuo acordo*, decidam, perante o cenário da denúncia, extinguir *de imediato* o contrato, isto é, antes mesmo de expirar o prazo do pré-aviso. O mesmo sucederá — cessação *imediata* —, por exemplo, em caso de *morte do agente*. E não é de excluir que alguma das partes (principalmente aquela a quem a denúncia foi comunicada) possa vir a descurar a sua actividade, actuando com *negligência*, em termos de legitimar a outra a *resolver* o contrato, com efeitos imediatos[266].

VII — *Quid iuris* se quem denuncia o contrato *não respeita* o pré-aviso? Ou indica um prazo *inferior* ao mínimo *legalmente* estabelecido ou àquele — superior ao mínimo legal — que fora *convencionalmente* fixado?

Numa situação destas, a denúncia será *ilícita*, incorrendo o contraente faltoso na obrigação de *indemnizar* o outro pelos danos causados *pela falta* — ou *insuficiência* — *do pré-aviso*. A indemnização processar-se-á nos termos gerais, abrangendo tanto danos emergentes como lucros cessantes.

Mas convém sublinhar que os danos a ressarcir são os que resultam da *falta ou do insuficiente pré-aviso* — e não os danos que

---

[266] No mesmo sentido, por ex., FRANCISCO MERCADAL VIDAL, *El contrato de agencia mercantil*, cit., p. 560.

provoca a cessação do contrato, em si mesma, pois a denúncia é um direito de que goza qualquer das partes, estando em causa, apenas, a *antecedência* com que tal direito deve ser exercido.

Tratando-se de uma indemnização com este fundamento, a favor do agente (mas já não se for para o principal), a lei prevê (art. 29.°, n.° 2) que ele possa pedir uma indemnização *à forfait*, calculada em determinados termos, em vez da indemnização apurada segundo as regras gerais[267].

VIII — E se quem denuncia o contrato o faz sem que ele tenha *vigorado* durante um período de tempo *minimamente razoável*?

Ou, independentemente de tudo o mais, mesmo que a denúncia seja feita no respeito pelo tempo de pré-aviso mínimo, legal ou convencionalmente estabelecido, *quid iuris* se o denunciante, *pelo seu comportamento anterior*, permitira que a contraparte justificadamente *confiasse* numa duração do contrato por tempo superior, confiança essa entretanto *frustrada* com a atitude do denunciante, "maxime" se houve despesas ou investimentos feitos nessa perspectiva?

Estas perguntas envolvem questões de grande importância e dificuldade, mas às quais, em princípio, dependendo das circunstâncias, se poderá dar uma resposta semelhante à que apresentámos atrás, no tocante às consequências pela falta de respeito pelo pré--aviso. Ter-se-á que indemnizar a outra parte pelos danos sofridos, solução que decorre do princípio da *boa fé*[268].

---

[267] Sobre toda esta matéria pode ver-se o nosso *Contrato de agência. Anotação*, cit., pp. 97,ss, esp. as anots. aos arts. 28.° e 29.°, com indicações de jurisprudência e de doutrina.

[268] Este ponto é especialmente relevante no caso do concessionário, tendo em conta que é ele que mais investimentos fará (diferentemente do agente), mas trata-se, em qualquer caso, de um ponto *comum* a todos os contratos de distribuição. A doutrina alemã da especialidade recorre, neste contexto, ao § 242 (e também ao § 138) do BGB para justificar tal solução (*der Anlauf- oder Investitionsschutz des Vertriebsmittlers* de certo modo como problema de *"Vertrauensinvestitionen" des Vertriebsmittlers*): cfr. MARTINEK, *Aktuelle Fragen des Vertriebsrechts*, cit.,

Contratos de Distribuição Comercial – Relatório

IX — Por último, convém referir a hipótese interessante que foi apreciada pelo Supremo Tribunal de Justiça, no seu Acórdão de 17 de Abril de 1986.

Tratava-se, basicamente, de uma situação em que o principal decidira unilateralmente reduzir as comissões dos agentes, comunicando-lhes esta sua determinação. Estes não aceitaram, pretenderam entrar em negociações, mas o principal manteve-se inabalável. Algum tempo depois, perante notas de encomenda de clientes remetidas pelos agentes, o principal respondeu-lhes que eles haviam deixado de ser seus agentes desde o dia em que não aceitaram a redução das comissões.

Parece, efectivamente, que é assim (a questão que depois se coloca é de ter sido ou não respeitado o pré-aviso), pois a declaração *expressa* do principal dirigida à *modificação* do contrato *coenvolve* uma declaração *tácita* de denúncia: o contrato *extingue-se* excepto se os agentes aceitarem a sua *modificação*. Por outras palavras, uma das partes *denuncia* o contrato sob condição de a outra

---

pp. 126,ss, CANARIS, *Handelsrecht*, cit., p. 343, bem como, já antes, ULMER, *Der Vertragshändler*, cit., pp. 459,ss; em geral, recorde-se CANARIS, *Die Vertrauenshaftung*, cit., pp. 503,s, esp. 510,ss; entre nós, por todos, MENEZES CORDEIRO, *Da boa fé*, II, cit., pp. 1234,ss.

Acrescente-se que a lei espanhola sobre a agência contém um preceito (art. 29.º da Lei 12/1992, de 27 de Maio) que consagra a favor do agente uma indemnização pelos danos sofridos quando o contrato haja sido denunciado pelo empresário e a "extinção antecipada" não permita "a amortização das despesas que o agente, instruído pelo empresário, tenha realizado para a execução do contrato". Estamos em crer que esta solução já resultaria das regras gerais (v., porém, F. MARTÍNEZ SANZ/M. MONTEAGUDO/F. PALAU RAMIREZ, *Comentario*, cit., pp. 489,ss, esp., 491) e a norma não é inteiramente feliz (desde logo cabe perguntar: "extinção antecipada" em relação a quê? Em relação ao tempo de pré-aviso a que haveria lugar? A ser assim, contudo, estar-se-á então perante uma denúncia ilícita e na indemnização a atribuir ao agente já haveria que incluir tais despesas; ou "extinção antecipada" em relação ao tempo que o contrato deveria durar por força do princípio da boa fé? Neste caso, sim, o preceito teria inteiro cabimento e justificação, mas ele é omisso quanto a este referente...), pese embora o significado e o relevo que o referido art. 29.º, em todo o caso, apresenta.

144 *Contratos de Distribuição Comercial – Relatório*

parte não aceitar (rejeitar) a *modificação* proposta. A hipótese configura, pois, uma *denúncia-modificação*, como acertadamente a qualifica BAPTISTA MACHADO, na esteira da doutrina alemã ("Änderungskündigung")[269].

39. Resolução

I — Ao contrário da denúncia, a resolução necessita de ser *motivada*, carece de *fundamento*, embora possa efectivar-se (tal como a primeira) *extrajudicialmente*, nos termos gerais do art. 436.º do Código Civil.

Verificados os respectivos fundamentos, a resolução opera tanto nos contratos por tempo indeterminado como nos restantes; e opera *imediatamente*, sem qualquer aviso prévio, logo que recebida a declaração resolutiva.

II — A lei da agência estabelece dois fundamentos de resolução (art. 30.º, als. a) e b)), os quais, sem dificuldade, podemos considerar aplicáveis, por analogia, aos contratos de concessão e de

---

[269] Cfr. a anotação de BAPTISTA MACHADO ao referido Acórdão, com o título *Denúncia-modificação" de um contrato de agência*, na RLJ ano 120.º, pp. 178,ss e 183,ss,ss: e igualmente LARENZ, *Allgemeiner Teil des deutschen Bürgerlichen Rechts*, 7.ª ed., München, 1989, p. 497, LARENZ/WOLF, *Allgemeiner Teil des Bürgerlichen Rechts*, 8.ª ed., München, 1997, p. 952, JAUERNIG, *BGB*, cit., pp. 103-104, e GEORG SCHRÖDER, *Recht der Handelsvertreter*, 4.ª ed., Berlin e Frankfurt a M., 1969 (existe uma 5.ª ed., de 1973), pp. 202-203 (§87b), n.º 2 e). No direito austríaco, a respeito da mesma figura (*Änderungskündigung*), cfr. AGLAIA TSCHUK, *Der Ausgleichsanspruch bei Beendigung des Handelsvertreterverhältnisses*, Wien, 1994, pp. 19-20.

Entretanto, parece que no caso decidido pelo Acórdão da Relação do Porto de 27 de Junho de 1995 se deparava com o que podemos chamar, dentro da mesma linha, de *resolução-modificação*: ver a nossa *Anotação* a esse Acórdão, na RLJ ano 130.º, cit., n.º 4, pp. 122 e ss., esp. 126-127 (ou a respectiva separata: ANTÓNIO PINTO MONTEIRO, *Denúncia de um contrato de concessão comercial*, cit., pp. 64-71).

Contratos de Distribuição Comercial – Relatório   145

"franchising". Eles concretizam, de algum modo, princípios gerais, que em princípio vigoram para qualquer contrato duradouro[270].

III — O primeiro desses fundamentos consiste no *não cumprimento*, por qualquer das partes, das respectivas obrigações, quando, pela sua gravidade ou reiteração, não seja exigível a subsistência do vínculo contratual.

Decorre do exposto que não é qualquer incumprimento, *tout court*, de uma ou mais obrigações, que legitima a outra parte, *ipso facto*, a resolver o contrato. A lei exige que a falta de cumprimento assuma especial *importância*, quer pela sua *gravidade* (em função da própria natureza da infracção, das circunstâncias de que se rodeia ou da perda de confiança que justificadamente cria na contraparte, por exemplo), quer pelo seu carácter *reiterado*, sendo essencial que, *por via disso*, não seja de *exigir* à outra parte a subsistência do vínculo contratual[271].

Mas é claro que uma situação de inadimplemento que não revista estes requisitos, apesar de não permitir a resolução do con-

---

[270] No mesmo sentido, por ex., CANARIS, *Handelsrecht*, cit., pp. 344, 368-369 e 389, e KARSTEN SCHMIDT, *Handelsrecht*, cit., pp. 769 e 771; em geral, OETKER, *Das Schuldverhältnis und seine Beendigung*, cit., pp. 564,ss.

[271] Também o § 89a do HGB, que consagra a chamada *außerordentliche Kündigung*, faz depender esta causa de extinção da relação contratual de uma *razão ou fundamento importante* ("*aus wichtigem Grunde*"), a qual corresponde ao sentido que acabamos de lhe dar, em conformidade, aliás, com o próprio teor da al. a) do art. 30.º: v., por todos, CANARIS, *Handelsrecht*, cit., pp. 344-345.

E no direito espanhol, apesar de a lei, na sua letra (art. 26.º, n.º 1, al. a)), não qualificar o incumprimento que justifica a resolução do contrato de agência, o entendimento dominante é que tal incumprimento deve ser *grave*: por todos, RAFAEL LARA GONZALEZ, *Las causas de extincion del contrato de agencia*, cit., pp. 245,ss.

O direito italiano, por sua vez, não contém nenhuma regra especial sobre a resolução do contrato de agência nas normas que dedica a este contrato (arts. 1742,ss, do *Codice Civile*). Recorre-se, por isso, às regras gerais sobre a resolução e, especialmente, ao art. 1455 deste Código, onde se preceitua expressamente que o contrato não pode ser resolvido com base no incumprimento de alguma das

trato, não preclude o direito à indemnização por eventuais danos causados (art. 32.º, n.º 1).

IV — Quanto às obrigações das partes, é sabido que além das que têm por fonte a própria *convenção*, há que atender às que a *lei* estabelece (no caso da agência, cfr., especialmente, arts. 6.º, ss, e 12.º,ss).

Convém destacar, a este respeito, o *princípio geral* que a lei consagra nos arts. 6.º e 12.º, o qual se reveste da maior importância e vale para todos os contratos de distribuição. Aí se determina, a cargo de qualquer das partes, um comportamento segundo a *boa fé*, em ordem à *realização plena do fim contratual*, o que implica, no caso do distribuidor, designadamente, a obrigação de *zelar pelos interesses da outra parte*.

Há, assim, a preocupação de abranger toda a relação contratual, cujo conteúdo interno será conformado pelo escopo concretamente prosseguido pelos contraentes. Sancionam-se, deste modo, quaisquer obrigações que, em concreto, incumbam ao distribuidor, tanto por força da lei ou de cláusula contratual como em função do escopo prosseguido pelas partes, mesmo que se trate de deveres acessórios ou laterais[272].

V — O que acaba de dizer-se tem especial relevo na solução do problema de saber se, tendo as partes acordado entre si que o distribuidor garante determinado *volume mínimo de negócios*, a obtenção desse resultado impedirá a resolução do contrato.

---

partes se este tiver "*scarsa importanza*, tendo em conta o interesse da outra parte": v., por ex., BALDI, *Il contratto di agenzia*, cit., pp. 243,ss.

Entre nós, sobre este ponto, recorde-se o estudo fundamental de BAPTISTA MACHADO, *Pressupostos da resolução por incumprimento*, in "Estudos em Homenagem ao Prof. Doutor Teixeira Ribeiro", vol. II, Coimbra, 1979, pp. 343,ss.

[272] A este respeito, por todos, entre nós, recorde-se C. MOTA PINTO, *Cessão da posição contratual*, Coimbra, 1970, pp. 314,ss, e 337,ss; em geral, sobre os limites à autonomia das partes na delimitação do conteúdo do contrato, ANTÓNIO PINTO MONTEIRO, *Cláusulas limitativas e de exclusão de responsabilidade civil*, Coimbra, 1985, pp. 116,ss.

Parece-nos que o facto de o distribuidor conseguir o resultado garantido, em termos do volume de negócios, poderá não obstar a que a outra parte venha a resolver o contrato, sendo caso disso (art. 30.°), ou a obter uma indemnização, pelo não cumprimento dos deveres contratuais. É que, para além de existirem outros deveres a que o distribuidor ("maxime" o agente) se encontra vinculado, mantém-se como sua obrigação fundamental a de *promover* os negócios da outra parte e de *zelar* pelos interesses desta[273].

E deparando-se a situação inversa? Isto é, *quid iuris* se não for alcançado o volume mínimo de negócios contratualmente previsto? Parece-nos que se os resultados obtidos pelo distribuidor ficarem abaixo do volume de negócios garantido, a outra parte poderá, em princípio, resolver o contrato, sendo este o efeito próprio da cláusula resolutiva, em que se afigura traduzir-se tal cláusula[274].

VI — O outro fundamento de resolução, estabelecido pelo art. 30.°, consta da al. *b*). Qualquer contraente pode socorrer-se da resolução, apesar de o contrato ter estado a ser regularmente cumprido, quando se verifique alguma circunstância que impossibilite ou faça perigar gravemente o fim do contrato. Decisivo é, também aqui, que, *por via disso*, não seja *exigível* a subsistência do contrato até expirar o prazo convencionado (nos contratos celebrados por tempo determinado) ou imposto em caso de denúncia (nos restantes contratos, quanto aos prazos de pré-aviso)[275].

---

[273] Por exemplo, num contrato de agência o principal não estará impedido de provar, designadamente, que as condições de mercado permitiam obter um volume de negócios bastante superiores, que só não foi alcançado em virtude de o agente ter negligenciado o cumprimento daquela obrigação fundamental, em ordem à realização plena do fim contratual. Tem sido esta a nossa posição: v. o nosso *Contrato de agência. Anotação*, cit., p. 63-64.

[274] Existindo uma verdadeira *cláusula de garantia* (a este respeito, pode ver-se ANTÓNIO PINTO MONTEIRO, *Cláusula penal e indemnização*, Coimbra, 1990, reimp. 1999, pp. 265,ss), será mesmo irrelevante a falta de culpa do distribuidor na obtenção do resultado garantido para com isso pretender, eventualmente, furtar-se ao pagamento da indemnização devida.

[275] Na jurisprudência, aplicando este preceito legal a um dito "contrato atí-

Significa isto que, mesmo havendo motivos para a resolução, isso *pode não dispensar* o contraente que decida pôr termo ao contrato de o fazer com uma *antecedência razoável*. É este um *princípio* que, apesar de formulado a respeito da agência, nos parece revestir-se de um importante *alcance geral* no domínio da resolução do contrato com este fundamento (justa causa)[276].

Trata-se de um fundamento objectivo, baseado em circunstâncias respeitantes ao próprio contraente que decide resolver o contrato ou à contraparte (*v. g.,* perda de mercado dos bens ou serviços que constituem objecto da agência, por razões alheias ao respeito, por qualquer das partes, das respectivas obrigações). Em suma, estamos perante uma situação de "justa causa", não por força de qualquer violação dos deveres contratuais, mas por força de circunstâncias não imputáveis a qualquer das partes, que impossibilitem ou comprometam gravemente a realização do escopo visado.

Comunga, assim, de certo modo, do mesmo tipo de preocupações subjacentes ao instituto da alteração das circunstâncias, consagrado no artigo 437.° do Código Civil[277].

Note-se, por último, que a resolução com este fundamento não obsta ao direito a uma indemnização segundo a equidade, nos termos do art. 32.°, n.° 2.

---

pico", "inserido na família dos contratos de distribuição comercial", o Acórdão da Relação de Lisboa de 2 de Dezembro de 1999 (CJ, ano XXIV, tomo V, pp. 112,ss), que, em conformidade, conjugando o disposto nos arts. 30.°, al. b) e 32.°, n.° 2, condenou a Ré a uma indemnização segundo a equidade.

[276] Ver, a propósito, a nossa *Anotação* ao Acórdão da Relação do Porto de 27 de Junho de 1995, *cit.,* na RLJ ano 130.°, n.° 4, pp. 122 e ss.. esp. 127 = *Denúncia de um contrato de concessão comercial,* cit., pp. 57,ss, esp. 69-70, onde se depara com uma situação em que nos parece não haver lugar para deixar de exigir um aviso prévio, apesar de estar em causa a aplicação da al. b) do art. 30.°.

[277] Concordando connosco, BAPTISTA MACHADO, na anotação ao Acórdão do Supremo Tribunal de Justiça de 17 de Abril de 1986, cit., RLJ ano 120.°, p. 190; cfr. ainda, a este propósito, o Acórdão do Supremo Tribunal de Justiça de 8 de Julho de 1986, in *Tribuna da Justiça,* n.° 22, p. 17; no mesmo sentido, FRANCISCO MERCADAL VIDAL, *El contrato de agência mercantil,* cit., pp.572 e ss.

Contratos de Distribuição Comercial – Relatório

VII — Uma vez que a resolução opera extrajudicialmente mas carece de ser motivada, *quid iuris* se uma das partes *resolve* o contrato, vindo a apurar-se, no entanto, por decisão judicial posterior, mediante recurso intentado pela outra parte, a *falta de fundamento da resolução*?[278]

Duas soluções se perfilam, "a priori": ou declarar que o contrato se mantém, tendo a outra parte direito a ser indemnizada pelos danos causados pela suspensão do contrato; ou partir do princípio de que o contrato se extinguiu, ao ser recebida a declaração resolutiva, que opera extrajudicialmente, tendo a acção judicial natureza meramente declarativa.

A resposta não é fácil: em princípio, parece-nos que será de entender que o contrato se *extinguiu,* traduzindo-se a falta de fundamento da resolução numa situação de *não cumprimento*, com a consequente obrigação de *indemnização*; e, para este efeito, achamos razoável *equiparar* a resolução sem fundamento a uma *denúncia sem observância do pré-aviso exigível*[279], o que implicará a correspondente *obrigação de indemnização*[280], mas sem que isso evite a *extinção* do contrato. Tem sido esta a posição para que nos inclinamos[281], que se harmoniza, de resto, com a solução consagrada no

---

[278] Cfr. já o nosso *Contrato de agência. Anteprojecto*, cit., n.º 24.

[279] Até porque o contraente que resolve o contrato sem fundamento sempre poderia denunciá-lo, uma vez que a denúncia não carece de ser motivada. Considera HOPT (*Handelsvertreterrecht*, cit., p. 111) que a resolução sem fundamento (ou, na terminologia alemã, a *außerordentliche Kündigung*) se pode *converter* em denúncia (em *ordentliche Kündigung*). Claro que se o contrato for por tempo determinado já não será correcto falar de denúncia, importando então considerar o tempo que faltava para o decurso do prazo.

[280] Isso não prejudica que uma resolução sem fundamento possa causar à outra parte prejuízos que a denúncia não provocaria, "maxime" quando se lhe imputam comportamentos negativos à sua imagem comercial, caso em que terá direito à correspondente indemnização.

[281] A. PINTO MONTEIRO, *Contrato de agência. Anotação*, cit., p. 110, onde equacionamos a alternativa a esta solução e ponderamos os argumentos de cada posição. Neste sentido, recentemente, decidindo que "mesmo que a requerente prove que a resolução foi feita sem justa causa, nunca ela pode pedir na acção

150   *Contratos de Distribuição Comercial – Relatório*

art. 29.°, n.° 1, para a denúncia que não observe os requisitos legais. Mas é um problema em aberto[282].

VIII — Em relação à agência, a lei consagra ainda, no art. 31.°, que a resolução deve ser feita através de declaração escrita e no prazo de um mês após o conhecimento dos factos que a justificam. Trata-se de um prazo curto, mas que tem nesta matéria perfeito cabimento[283], o qual poderá fornecer indicações úteis em relação aos demais contratos.

Se o facto que justifica a resolução do contrato for um facto "continuado" ou "duradouro" deve entender-se que o prazo de um mês, estabelecido pelo art. 31.°, se conta a partir da data em que o facto tiver cessado e não a partir da data do seu conhecimento inicial[284].

---

principal que o contrato resolvido renasça, impondo-se à requerida a continuação do fornecimento dos seus produtos, mas apenas a indemnização que ao caso couber", o Ac. da Relação do Porto de 13 de Março de 1997 (CJ, ano XXII, tomo II, pp. 196,ss).

[282] Talvez possa acrescentar-se, em abono desta posição, que uma resolução sem fundamento é de equiparar a uma *declaração de não cumprir*, a qual vem sendo considerada equivalente ao *não cumprimento definitivo*: na jurisprudência, por ex., o Acórdão do STJ de 26 de Janeiro de 1999 (CJ – Acs. STJ, ano VII, tomo I, pp. 61,ss); na doutrina, por ex., GALVÃO TELLES, *Direito das Obrigações*, cit., pp. 255,ss; ANTUNES VARELA, *Das Obrigações em geral*, vol. II, cit., p. 92; MENEZES CORDEIRO, *Direito das Obrigações*, 2.ª vol., cit., p. 457, e *Violação positiva do contrato*, ROA, ano 41, I, p. 143; FERREIRA DE ALMEIDA, *Recusa de cumprimento declarado antes do vencimento*, in "Estudos em Memória do Prof. Doutor Castro Mendes", Lisboa, pp. 289,ss.

[283] V., a este respeito, as considerações de CANARIS, *Handelsrecht*, cit., p. 345.

[284] Além de ser esta a solução que se afigura mais razoável, é também a que o recurso ao elemento sistemático justifica (art. 9.° do Código Civil), tendo em conta o disposto no art. 65.°, n.° 2 do Regime do Arrendamento Urbano (aprovado pelo Decreto-Lei n.° 321-B/90, de 15 de Outubro), correspondente ao n.° 2 do art. 1094.° do Código Civil, na redacção que lhe fora conferida pela Lei n.° 24/89, de 1 de Agosto (no mesmo sentido, cfr. CARLOS LACERDA BARATA, *Sobre o contrato de agência*, cit., p 89).

Contratos de Distribuição Comercial – Relatório

40. Indemnização de clientela do agente

I — Sem prejuízo de qualquer outra indemnização a que haja lugar, consagra o art. 33.º, *a favor do agente*, uma dita "indemnização de clientela". Trata-se de uma medida interessantíssima, de grande significado e alcance e de natureza jurídica complexa.

Logo na redacção inicial do Decreto-Lei n.º 178/86 foi consagrada a indemnização de clientela. Optou o legislador português pelo modelo alemão da *Ausgleichsanspruch*. Entretanto, a Directiva 86/653/CEE veio impô-la, mas talvez o haja feito em termos que não se afiguram os mais adequados.

II — A este respeito começamos por salientar que estamos perante um dos casos em que a Directiva falha nos seus propósitos de harmonização legislativa, por ter consagrado, no art. 17, duas medidas *diferentes,* deixando aos Estados membros a possibilidade de *optarem* por uma ou por outra dessas medidas.

A Directiva assumiu assim uma posição de *compromisso* entre o *modelo alemão* e o *modelo francês*, tendo porventura partido do princípio de que qualquer deles contribuirá para *proteger o agente no termo do contrato*. Mas enquanto o segundo consagra uma indemnização no sentido próprio do termo, ainda que com algumas particularidades, o modelo alemão prevê uma medida de índole diversa e bem mais adequada às razões que justificam esta protecção acrescida do agente. Foi este o modelo por que a nossa lei havia já optado, o qual tem sido generalizadamente aceite no direito dos demais Estados membros[285].

---

[285] Além dos direitos alemão (§ 89b, do HGB) e português (art. 33.º), também os direitos espanhol (art. 28 da Lei 12/1992), austríaco (§ 24 da *Handelsvertretergesetz* de 1 de Março de 1993), belga (art. 20 da lei de 13 de Abril de 1995), holandês (art. 740 do Código Comercial, após a reforma de 1989) e italiano (art. 1751 do *Codice Civile*, após a reforma de 1991, que transpôs a Directiva, ainda que em termos pouco felizes: cfr. BALDI, *I contratto di agenzia*, cit., pp. 285,ss), entre outros, adoptaram o modelo alemão da *Ausgleichsanspruch*, correspondente à opção prevista no art. 17, 2, da Directiva (o modelo francês corresponde à opção

152   *Contratos de Distribuição Comercial – Relatório*

III — Em conformidade com este modelo e de acordo com o que temos entendido, a indemnização de clientela constitui, no fundo, uma *compensação* a favor do agente, após a cessação do contrato, pelos *benefícios* de que o principal *continue a auferir* com a clientela *angariada* ou *desenvolvida* pelo agente.

Ela é devida seja qual for a forma por que se põe termo ao contrato (por mútuo acordo, caducidade, denúncia ou resolução, salvo se "imputáveis ao agente", nos termos do n.º 3 do art. 33.º) ou o tempo por que este foi celebrado (por tempo determinado ou por tempo indeterminado) e acresce a qualquer outra indemnização a que haja lugar (por exemplo, por falta ou insuficiência de pré-aviso ou por violação do contrato pelo principal). É como que uma *compensação* pela "mais-valia" que o agente proporciona ao principal, *graças à actividade desenvolvida pelo primeiro*, na medida em que o principal *continue a aproveitar-se dos frutos dessa actividade*, após o termo do contrato de agência.

Pese embora o seu nome, não se trata, em rigor, de uma verdadeira *indemnização*, até porque não está dependente da prova, pelo agente, de danos sofridos[286]. O que conta são os *benefícios* proporcionados pelo agente à outra parte, benefícios esses que, na vigência do contrato, eram de proveito *comum*, e que, após o seu termo, irão aproveitar apenas, *unilateralmente*, ao principal.

---

contida no n.º 3 do mesmo preceito). Para uma visão de conjunto, recorde-se GRAF von WESTPHALEN, *Handbuch des Handelsvertreterrechts in EU – Staaten und der Schweiz*, cit., *passim*; para uma compreensão do modelo francês, ligado à tradicional concepção da agência como mandato "d'intérêt commun", v. JEAN CATONI, *La rupture du contrat d'agent commercial*, Paris, 1970, pp. 9,ss e 143,ss; e para uma apreciação deste modelo, designadamente dos seus inconvenientes, AXEL DE THEUX, *Le statut européen de l'agent commercial*, cit., pp. 286,ss, bem como, do mesmo autor, mais recentemente, analisando a lei belga que transpôs a Directiva e seguiu o modelo alemão, ainda que apelidando a indemnização de clientela de "indemnité d'éviction", a obra *La fin du contrat d'agence commerciale. Articles 18 à 24 de la loi du 13 avril 1995*, Bruxelles, 1997, pp. 65, ss.

[286] Aspecto que a jurisprudência portuguesa vem já reconhecendo expressamente: cfr., por ex., os Acórdãos do STJ de 9 de Novembro de 1999 (RLJ ano 133.º, pp. 124,ss) e de 27 de Outubro de 1994 (CJ- Acs. STJ, ano II, tomo III, pp.

Não se trata, pois, em rigor, de *ressarcir* o agente de quaisquer danos, antes de o *compensar* pelos benefícios de que a outra parte *continue a auferir* e que se devam, no essencial, à *actividade* do seu ex-agente. Mesmo que este não sofra danos, haverá um *"enriquecimento"* do principal que legitima e justifica uma *compensação* ("Ausgleichsanspruch" lhe chamam, com propriedade, os alemães: § 89 b do HGB)[287]. Estar-se-á, pois, mais próximo do instituto do

---

101,ss), da Relação do Porto de 18 de Outubro de 1994 (CJ, ano XXIX, tomo IV, pp. 212,ss) e da Relação de Coimbra de 14 de Dezembro de 1993 (CJ, ano XVIII, tomo V, pp. 46,ss).

Mas ver ainda, na jurisprudência, compreendendo a *ratio* da indemnização de clientela e alargando-a aos contratos de concessão comercial, os Acórdãos do STJ de 4 de Maio de 1993, de 27 de Outubro de 1994, de 22 de Novembro de 1995, de 23 de Abril de 1998, de 9 de Novembro de 1999, de 3 de Maio de 2000 e de 12 de Outubro de 2000 (respectivamente: CJ-Acs STJ, ano I, tomo II, pp. 78,ss, ano II, tomo III, pp. 101,ss, ano III, tomo III, pp. 115,ss, ano VI, tomo II, pp. 57,ss, RLJ ano 133.º, pp. 124,ss, e de novo aquela Colectânea, ano VIII, tomos II, pp. 45,ss, e III, pp. 77,ss); os Acórdãos da Relação do Porto de 18 de Outubro de 1994, de 27 de Junho de 1995 e de 25 de Junho e 9 de Novembro de 1998 (respectivamente: CJ, ano XIX, tomo IV, pp. 212, ss., ano XX, tomo III, pp. 243 e ss., ano XXIII, tomo III, pp. 213, ss., e tomo V, p. 181 e ss., bem como na RLJ ano 130.º, pp. 22 e ss.); da Relação de Coimbra de 14 de Dezembro de 1993 e de 26 de Novembro de 1996 (CJ, ano XVIII, tomo V, pp. 46 e ss, e ano XXI, tomo V, pp. 31 e ss.); da Relação de Lisboa de 7 de Outubro de 1993 (CJ, ano XVIII, tomo IV, pp. 133 e ss.); e por último a sentença de 23 de Maio de 1997 do Juiz do 5.º Juízo Cível da Comarca de Lisboa (CJ, ano XXII, tomo III, pp. 304 e ss.).

[287] De entre a imensa e rica produção doutrinal alemã sobre este ponto, v., por ex.: KÜSTNER/MANTEUFFEL/EVERS, *Der Ausgleichsanspruch des Handelsvertreters*, Göttingen, 1998; CANARIS, *Handelsrecht*, cit., pp. 347,ss; KARSTEN SCHMIDT, *Handelsrecht*, cit., pp. 740,ss; HOPT, *Handelsvertreterrecht*, cit., pp. 121,ss; *Münchener Kommentar zum HGB/* v. HOYNINGEN-HUENE, cit., pp. 1122, ss; KÜSTNER,in RÖHRICHT/GRAF von WESTPHALEN, *Handelsgesetzbuch*, cit., pp. 844,ss; ROTH, in KOLLER/ROTH/MORCK, *Handelsgesetzbuch*, cit., pp. 228,ss; RUß, in *Heidelberg Kommentar zum HGB*, cit., p. 289,ss.; e SCHRÖDER, *Recht der Handelsvertreter*, cit., pp. 295,ss. No direito austríaco, onde a "Ausgleichsanspruch" tem também uma longa tradição, v., por todos, a monografia de AGLAIA TSCHUK, *Der Ausgleichsanspruch bei Beendigung des Handelsvertreterverhältnisses*, cit., *passim*.

154 Contratos de Distribuição Comercial – Relatório

enriquecimento sem causa do que da responsabilidade civil, sem que isto signifique, para já, tomar posição no debatido problema da natureza jurídica da indemnização de clientela, a que voltaremos.

IV — Antes, porém, analisemos os *requisitos* de que depende a sua atribuição ao agente.

Esses requisitos estão consagrados nas als. a), b) e c) do n.º 1 do art. 33.º. São requisitos *positivos*, a provar pelo agente, que devem verificar-se *cumulativamente*.

Há, depois, requisitos *negativos*, que obstam ao pagamento da indemnização de clientela, a provar pelo principal, e que constam do n.º 3 da mesma norma.

E há ainda requisitos sobre o *exercício* do direito à indemnização de clientela, "maxime" quanto ao *prazo* para o agente ou os herdeiros *fazerem valer* o seu direito (n.º 4).

Mas há um *pressuposto* inicial que deve ter-se em consideração: a indemnização de clientela pressupõe a *cessação do contrato*. É muito claro, a este respeito, o art. 33.º, cujo n.º 1 determina expressamente que "o agente tem direito, *após a cessação do contrato*, a uma indemnização de clientela, desde que sejam preenchidos, cumulativamente, os *requisitos seguintes* (...)", requisitos estes que vêm depois, nas als., a), b) e c).

A razão por que sublinhamos este aspecto deve-se à circunstância de se duvidar, por vezes, designadamente na Alemanha, do relevo a atribuir à denominada "extinção parcial" (*Teilbeendigung*) do contrato, ou seja, e mais correctamente, a hipóteses em que há *modificações* na relação contratual[288].

Na verdade, podem ocorrer *vicissitudes* várias, na vigência do contrato, tais como *alterações na zona* originariamente confiada ao agente, na *comissão* acordada ou nos *bens* comercializados, vicissi-

---

[288] V., por ex., HOPT, *op. cit.*, pp. 125-126 (n.º 10); *Münchener Kommentar/* v. HOYNINGEN-HUENE, cit., pp. 1122,ss (n.ºs 51-53); RUß, in *Heildelberg Kommentar*, cit., p. 292 (n.º 10ª); KOLLER/ROTH/MORCK, *op. cit.*, p. 230 (n.º 3); SCHRÖDER, *op. cit.*, pp. 303,ss (n.ºs 4-4c).

Contratos de Distribuição Comercial – Relatório

tudes essas, porém, que só relevarão, para efeitos de indemnização de clientela, *no fim do contrato*[289].

V — Posto isto, vejamos, então, quais os requisitos de que depende a indemnização de clientela.

É necessário, em primeiro lugar, que o agente tenha angariado *novos clientes* para a outra parte ou *aumentado substancialmente o volume de negócios* com a clientela já existente (al. a)).

A tal respeito, pode perguntar-se se será de considerar preenchido este requisito caso o agente se tenha limitado a *manter* o nível da clientela mas isso ficar a dever-se a um seu trabalho *altamente meritório*, numa conjuntura muito desfavorável. Talvez seja de entender que sim, ainda que a título excepcional, em conformidade com a *ratio* desta medida e da própria norma que a consagra[290].

Quanto aos benefícios a auferir pelo principal (alínea *b*)), não se mostra necessário que eles tenham já ocorrido, bastando que, de acordo com um juízo de *prognose*, seja bastante provável que eles se venham a verificar, isto é, que a clientela angariada pelo agente constitua, em si mesma, uma *chance* para o principal[291].

Parece-nos que não será este o caso — perdendo o agente o direito à indemnização de clientela — se o principal *cessa* a sua actividade ou *muda de ramo*, em termos tais que *deixa em absoluto de poder aproveitar-se*, no futuro, da clientela angariada pelo seu ex-agente. Afigura-se ser esta a melhor solução e a que está con-

---

[289] É também esta a posição dominante no direito espanhol, como nos dá conta F. Martínez Sanz, *La indemnizacion por clientela en los contratos de agencia y concession*, cit., pp. 135,ss, bem como no já referido *Comentário*, em co-autoria, p. 470. Entre nós, v., com muito interesse, a correcta análise de Carolina Cunha sobre o ponto, na sua dissertação de Mestrado *A indemnização de clientela do agente comercial*, cit., n.°s 6, 24 b) e 27 e).

[290] Outra parece ser a posição de Martínez Sanz, *La indemnización por clientela,* cit., pp. 165-166, apesar de concordar com ela de um ponto de vista de política legislativa.

[291] Neste sentido se orienta a jurisprudência alemã. Por todos, Canaris, *op. cit.,* p. 350.

forme com a *ratio* da figura, independentemente das razões que tenham levado o principal a sair do mercado, as quais, *a — se — responsabilizarem* o principal, designadamente por um eventual comportamento *abusivo*, só poderão relevar em sede de responsabilidade civil, "maxime" de responsabilidade contratual[292].

Por outro lado, não se exige que seja o próprio principal a explorar *directamente* o mercado, podendo conseguir esses benefícios através de *outro agente*, de um *concessionário*, de uma *filial*, etc. O que interessa é que o principal fique em condições de continuar a usufruir da actividade do agente, ainda que só indirectamente, através de outro intermediário — excepto se provar que *deixa em absoluto de poder aproveitar-se* de tal clientela, por ter *cessado* a sua actividade ou *mudado de ramo*, nos termos há pouco referidos. Claro que também não haverá direito à indemnização de clientela se os clientes *continuarem com o agente* ou se se transferirem para *outra empresa*, deixando de ser clientes da anterior (e desde que o principal *nada tenha a ver* com a empresa para a qual "passou" a clientela).

Note-se, quanto ao conceito de clientela, que não poderá deixar de atender-se — quer quanto à própria existência do *direito* à indemnização de clientela, quer quanto ao *montante* desta — ao *tipo* de clientes angariados pelo agente. Há que distinguir, para este efeito, os clientes *esporádicos* e *ocasionais* (que não se ligam à empresa) dos clientes *habituais, fixos*, com os quais o principal pode contar no futuro. Serão estes — *apenas* ou *fundamentalmente estes* — os clientes que interessam para decidir do direito à indemnização de clientela e do seu montante. Assim como haverá que separar, para o mesmo efeito, as actividades do agente que têm a ver com a angariação de clientela das actividades que poderemos chamar meramente administrativas[293].

---

[292] É a posição que vimos adoptando: cfr. o nosso *Denúncia de um contrato de concessão comercial*, cit., pp. 81-82. Em sentido diferente, porém, CAROLINA CUNHA, *op. cit.*, n.ºs 16 b) e c).

[293] Cfr. igualmente CAROLINA CUNHA, *op. cit.*, n.º 11.

No que respeita ao disposto na al. *c*), pretende a lei, fundamentalmente, evitar acumulações, deixando de justificar-se a compensação devida ao agente, a título de indemnização de clientela, caso o principal, por exemplo, haja acordado continuar a pagar-lhe, após o termo do contrato, uma certa quantia pelas operações negociais que leve a efeito com os clientes por ele angariados[294].

A existir um acordo deste ou de outro tipo, a compensação devida ao agente verificar-se-á por *via convencional*. Ponto é que não se trate de quantias meramente simbólicas, até porque é nula qualquer *renúncia antecipada* à indemnização de clientela (neste sentido, desde logo, o art. 809.º do Código Civil, tal como o art. 19.º da Directiva). Mas já parece de aceitar, em princípio, o acordo prévio, em termos razoáveis, sobre o montante da indemnização de clientela, bem como, *a fortiori*, o acordo celebrado após o termo da relação contratual.

Ainda no tocante à al. c), note-se que ela parece fornecer importante apoio para as teses que propendem para a natureza *retributiva* da indemnização de clientela, aspecto que mais à frente equacionaremos.

VI — Relativamente às circunstâncias, mencionadas no n.º 3, que *excluem* a indemnização de clientela, não será pacífica a posição actual respeitante às que dependem de factores *imputáveis ao agente*.

A nosso ver, será sempre discutível a questão de saber se a indemnização de clientela se justifica ainda que o contrato tenha cessado por razões imputáveis ao agente.

Sempre nos pareceu que a melhor solução, de acordo com a finalidade da indemnização de clientela — que não é sancionatória, antes reside no facto de a cessação do contrato proporcionar ao principal novos contratos com a clientela angariada ou desenvolvida pelo agente e, assim, benefícios que aquele *não pagou*, porque devem ser ainda creditados, em grande parte, à actividade desenvolvida pelo ex-agente —, seria não considerar a cessação do contrato

---

[294] Articulando este preceito com o art. 16.º, MÓNICA DUQUE, *Da indemnização de clientela*, cit., n.º 22.3.

por facto imputável ao agente como obstáculo *decisivo* à atribuição desta "indemnização ". Eventuais prejuízos do principal, imputáveis ao agente, seriam indemnizados nos termos gerais.

Esta foi a posição para que nos inclinámos, ao redigirmos o Anteprojecto do contrato de agência, apesar de não desconhecermos que no direito comparado tendia a prevalecer a posição contrária ("maxime" no direito alemão e na proposta de directiva existente a essa data). Justamente por isso, sendo uma questão complexa e controvertida e ainda não suficientemente amadurecida, achámos preferível que o legislador português não tomasse posição. Tratou-se, pois, de uma *"lacuna voluntária"*, tendo o legislador optado por consagrar uma fórmula normativa (art. 33.º, texto inicial) que não prejudicaria aquela que fosse de considerar, no futuro, a melhor solução, pelo trabalho conjunto da doutrina e da jurisprudência[295].

Esta atitude de *prudência legislativa* teve de ser *abandonada* pelo Decreto-Lei n.º 118/93, uma vez que a Directiva veio tomar posição expressa sobre o problema, no seu art. 18. Isso explica o actual n.º 3 do art. 33.º da lei portuguesa. A solução não será a melhor, mas foi a que a Directiva impôs, *pouco coerente*, de resto, com a filosofia de *tutela do agente* que enforma este diploma.

Poder-se-á observar que a solução actual da lei portuguesa, por força da Directiva, reforçará a posição de quem atribui à indemnização de clientela uma *natureza mista*: ou seja, ela não teria uma natureza meramente *retributiva* (de outro modo não poderia explicar-se que o agente deixe de ter direito a ela só porque a cessação do contrato lhe é imputável), antes se teria de tomar também em consideração a *equidade*. Mas não deixa de ser pertinente a questão, discutida na Alemanha, da *inconstitucionalidade* de tal norma, por violação ou cerceamento injustificável do direito fundamental *à liberdade de escolha de profissão*: é que a decisão do agente de pôr termo ao contrato irá "penalizá-lo", por perder o direito à indemnização de clientela, o que acabaria por limitar, de uma forma injusta,

---

[295] Expressamente neste sentido, A. Pinto Monteiro, *Contrato de agência* (*Anteprojecto*), cit., BMJ, n.º 360, pp. 116-117 (n.º 25).

Contratos de Distribuição Comercial – Relatório

aquela liberdade fundamental do agente. Por outro lado, a solução da Directiva também se compagina mal com o princípio da *livre* denúncia do contrato por qualquer das partes, quando ele for um contrato por tempo indeterminado[296].

VII — Analisados os requisitos — positivos e negativos — de que depende a indemnização de clientela e compreendida a sua especificidade e razão de ser, estamos agora em melhores condições para equacionar o delicado e debatido problema da sua *natureza jurídica*[297].

A este respeito, as opiniões dividem-se. Deve começar por rejeitar-se a ideia (que inicialmente mereceu alguma simpatia mas que hoje está maioritariamente superada) de que se estaria em face de uma simples medida de *índole social*, em ordem à protecção do agente — não é esta a razão *essencial* da indemnização de clientela. Assim como se deve rejeitar, como já dissemos, qualquer tentativa de lhe atribuir *natureza indemnizatória*.

A partir daqui acentuam-se as divergências na doutrina. Há quem veja na indemnização de clientela uma expressão da doutrina do *enriquecimento sem causa*. Outros consideram-na uma *retribuição suplementar* devida ao agente, em virtude de a actividade deste não ter sido integralmente retribuída na vigência do contrato, por haver benefícios que só com o termo deste sobressaem devidamente, benefícios esses constituídos, *grosso modo*, pela clientela que o agente deixa ao principal. E há também quem procure conciliar a ideia de retribuição com considerações de *equidade*.

Não é fácil tomar posição. Repare-se que a indemnização de clientela assenta, é certo, no *sucesso* da actividade do agente *no pas-*

---

[296] Além dos nossos trabalhos *Sobre a protecção do agente comercial*, cit., pp. 106 e ss. (n.ºs 5 e 6), e *Contrato de agência. Anotação*, cit., pp. 113 e ss. (anots. art. 33.º), cfr., para maiores desenvolvimentos, por todos, CANARIS *op. cit.*, pp. 347 e ss., KARSTEN SCHMIDT, *op. cit.*, pp. 740,ss, e MARTINEZ SANZ, *op. cit.*, pp. 97 e ss.

[297] Por todos, de novo CANARIS, *op. cit.*, pp. 347-349.

sado (art. 33.°, n.° 1, al. a)) e nas perspectivas de manutenção, *no futuro*, desse sucesso, *em benefício do principal* (art. 33.°, n.° 1, al. b)); mas isso *desde que* o agente deixe de receber *qualquer retribuição* por contratos negociados ou concluídos, *após a cessação do contrato*, com os clientes que perde (art. 33.°, n.° 1, al. c), sendo de notar, a este respeito, que a situação é diferente da que o art. 16.°, n.° 3, contempla, pois mesmo que o agente receba, ao abrigo desta última norma, qualquer comissão por contratos celebrados após o termo da relação de agência, isso não afasta, por si só, o direito à indemnização de clientela, uma vez que tal comissão reporta-se directamente à sua intervenção nesse contrato, ainda quando era agente).

Há, assim, por um lado, um *benefício* para o principal (als. a) e b)), e, por outro lado, uma *perda* para o agente (al. c)), desde que ele não tenha podido realizar o valor das comissões que deixa de obter de outra forma, por via convencional, por exemplo, ou através do preço de uma cessão da posição contratual (art. 33.°, n.° 3, *in fine*).

Nesta linha, poder-se-á dizer que a indemnização de clientela visa *repor* (ou manter) um certo *equilíbrio* entre as prestações, um equilíbrio contratual *rompido* (ou ameaçado) pela cessação do contrato. Dir-se-á que as comissões que o agente recebe se reportam sempre ao seu trabalho *passado*, que já "*frutificou*", mas correspondem a uma *parcela*, apenas, desse trabalho, melhor, *da comissão que lhe cabe por esse trabalho*, se após o termo do contrato o principal *continuar a usufruir* dele. Existirá como que um elemento de *retribuição diferida*[298] e de reposição de um *sinalagma* perante uma prestação e uma contraprestação não sincronizadas.

Resulta de tudo isto uma natureza jurídica singular e que se furta a uma classificação segundo os esquemas ou moldes tradicionais. O recurso ao enriquecimento sem causa é sempre uma tentação. Aliás, o contacto entre a indemnização de clientela e este insti-

---

[298] Para KARSTEN SCHMIDT, *op. cit.*, p. 741, trata-se de uma *retribuição*, fortemente influenciada por considerações de equidade na sua existência e dimensão, que representa uma "*capitalização de retribuições ainda não vencidas*".

Contratos de Distribuição Comercial – Relatório 161

tuto poderia até evidenciar-se através da figura da *condictio causa data causa non secuta*[299]. Também aí se prevê a restituição do que tiver sido prestado por uma causa (leia-se efeito) que desapareceu ou não chegou a existir como tinha sido previsto pelas partes.

Contudo, a afinidade com o enriquecimento sem causa, como instituto regulado nos arts. 473.º e ss. do Código Civil, poderá não ser totalmente bem sucedida. Desde logo porque o benefício que aqui está em jogo não parece ser, em rigor, um enriquecimento: trata-se de um mero benefício *potencial* que até pode, em certas circunstâncias, não se realizar, sem que isso permita a redução da indemnização de clientela: pense-se na hipótese de o principal, pouco hábil, não conseguir retirar tal benefício porque não consegue conservar a clientela angariada, embora sempre se possa dizer que teve essa *chance*, em si mesmo uma *vantagem*. Em segundo lugar, porque o cálculo da indemnização tem em atenção a equidade (art. 34.º)[300] e não parece que esta deva considerar-se como a fonte ou o limite da obrigação de restituir o enriquecimento. Além disso, a obrigação de pagar a indemnização de clientela tem como limite a culpa do agente (art. 33.º, n.º 3). Ora esta relevância da culpa do agente[301], em regra, não deveria ter reflexos sobre a obrigação do principal de restituir o enriquecimento. E sempre poderá acrescentar-se que, a existir enriquecimento do principal, ele tem uma "causa": o contrato que vigorou entre as partes.

Tudo isto, em suma, contra o recurso ao *instituto* do enriquecimento sem causa para explicar a natureza jurídica da indemnização

---

[299] Cfr. CANARIS, *op. cit.*, p. 348. Entretanto, sobre a referida *condictio* pode ver-se JÚLIO GOMES, *O Conceito de Enriquecimento, o Enriquecimento Forçado e os Vários Paradigmas do Enriquecimento sem Causa*, Porto, 1998, pp. 486 ss.

[300] No sentido de que este juízo de equidade pode acarretar a ponderação da culpa do agente, cfr. KARL-HEINZ THUME, *Neues zum Ausgleichsanspruch des Handelsvertreters und des Vertragshändlers*, BB 1994, pp. 2358 e ss., p 2361.

[301] Para alguns autores, trata-se ainda da relevância da *equidade*: não seria equitativo impor esta indemnização a uma parte inocente perante o incumprimento culposo da outra; seria o lado "duro" da equidade (cfr. KARSTEN SCHMIDT, op. cit., p. 744).

162   *Contratos de Distribuição Comercial – Relatório*

de clientela. Importa, todavia, ter presente que não falta quem considere que o enriquecimento sem causa surge no ordenamento como um *princípio geral de direito* e não apenas como um instituto determinado. Neste sentido, *a preocupação em evitar ou eliminar enriquecimentos injustificados* atravessa todo o ordenamento jurídico. Assim, talvez possa considerar-se esta figura como um *afloramento de tal princípio*[302].

Visto o problema deste modo, não haverá sequer contradição com a tese — que se afigura preferível e para que tendemos — da *retribuição diferida*, a que não deixa de se associar, de algum modo, um elemento de *protecção social*[303]. Mas permanece a objecção de que esta tese se compreende menos bem em virtude da solução hoje consagrada no art. 33.º, n.º 3, que abre o caminho a considerações de equidade e reforça a posição de quem atribui à indemnização de clientela *natureza mista*, como referimos atrás.

---

[302] Relevando este *princípio* da restituição do enriquecimento sem causa, v., entre nós, Luis Menezes Leitão, *Direito das Obrigações*, vol. I, Coimbra, 2000, pp. 48-49 e 357,ss, bem como, já antes, do mesmo autor, o seu *O enriquecimento sem causa no Direito Civil*, cit., pp. 27,ss, 963-964 e 964,ss. V. também Júlio Gomes, *op. cit.,* pp. 81,ss. Em geral, sobre o instituto do enriquecimento sem causa, recorde-se sobretudo Pereira Coelho, *O enriquecimento e o dano*, Coimbra, 1970, e Diogo Leite de Campos, *A subsidiariedade da obrigação de restituir o enriquecimento*, Coimbra, 1974.

[303] Indo talvez longe demais, Martinek, *Vom Handelsvertreterrecht zum Recht der Vertriebssysteme*, cit., pp. 67 e ss., p. 75: "O direito dos representantes comerciais regulado no HGB é hoje sobretudo direito de protecção social, aparentado ao direito do trabalho e ao direito da protecção dos consumidores" (o autor não deixa, aliás, de censurar estas premissas que partem da perspectiva do "pobre agente"). A este respeito, informa Theo Bodewig, *Der Ausgleichsanspruch des Franchisenehemers nach Beendigung des Vertragsverhältnisses*, BB 1997, pp. 637 e ss., p. 639, que originariamente o BGH exigia a necessidade de protecção social que resultava da circunstância de que frequentemente os principais lançavam mão de trabalhadores autónomos ou aparentemente autónomos (agentes) para contornar as regras do direito do trabalho e diminuir o custo e o risco para o principal.

41. Indemnização de clientela do concessionário e do franquiado

I — O que acabamos de expor acerca da indemnização de clientela constitui como que uma espécie de *doutrina geral* que valerá também, *mutatis mutandis*, para o concessionário e o franquiado, *se for de lhes aplicar*, por analogia, o disposto no referido art. 33.° da lei da agência. E essa tem sido uma questão muito discutida, particularmente no direito alemão[304].

II — Começamos por chamar a atenção para que a indemnização de clientela é também de atribuir em situações que não se enqua-

---

[304] É efectivamente abundante a doutrina alemã sobre este problema específico: entre muitos outros, e para além de CANARIS, *Handelsrecht*, cit., pp. 369-373 e 389-391, de MARTINEK, *Aktuelle Fragen des Vertriebsrechts*, cit., pp. 149 e ss., esp. 163-171, de ULMER, *Der Vertragshändler*, cit., pp. 449 e ss., e de FRANZISKA--SOPHIE EVANS-von KRBEK, *Die Analoge Anwendung der Vorschriften des Handelsvertreterrechts auf den Vertragshändler*, cit., pp. 79,ss e 104,ss, ver especialmente a monografia de DIETMAR FOTH, *Der Ausgleichsanspruch des Vertragshändlers*, Berlim, 1985, *passim*, obra que inclui uma análise da evolução da jurisprudência (pp. 18 e ss.) e da doutrina (pp. 32 e ss.), a posição de outros direitos (pp. 99 e ss.) e conclui com o tratamento desenvolvido dos principais problemas relativos à indemnização de clientela do concessionário (pp. 117 e ss.), mormente o da aplicação analógica do § 89*b* do HGB, ou seja, da norma do Código Comercial alemão que regula esta matéria no contrato de agência (pp. 120 e ss.); mas cfr. ainda, por ex., de entre os inúmeros artigos sobre o tema, WOLFRAM KÜSTNER/KURT VON MANTEUFFEL, *Berechnung des Ausgleichsanspruchs des Vertragshändlers*, in BB, 1988, pp. 1972 e ss., HERBERT STUMPF/HANNES HESSE, *Der Ausgleichsanspruch des Vertragshändlers*, in BB, 1987, pp. 1474 e ss., MICHAEL A. VELTINS, *Zur analogen Anwendung von § 89 b HGB auf den Ausgleichsanspruch des Eigenhändlers*, in NJW 1984, pp. 2063 e ss., KARSTEN SCHMIDT, *Kundenstammüberlassung und «Sogwirkung der Marke": taugliche Kriterien für den Ausgleichsanspruch des Vertragshändlers?*, in DB, 1979, pp. 2357 e ss, bem como, do mesmo autor, o seu *Handelsrecht*, cit., pp. 771,ss, HANS-JÜRGEN HIEKEL, *Der Ausgleichsanspruch des Handelsvertreters und des Vertragshändlers*, Bielefeld, 1985, esp. pp. 98,ss, THUME, *Neues zum Ausgleichsanspruchs des Handelsvertreters und des Vertragshändlers*, cit., pp. 2358,ss, e BODEWIG, *Der Ausgleichsanspruchs des Franchisenehmers nach Beendigung des Vertragsverhältnisses*, cit., pp. 637,ss.

De entre a imensa jurisprudência, merece que se destaquem as decisões que de algum modo marcam a evolução da jurisprudência alemã sobre este ponto

164   *Contratos de Distribuição Comercial – Relatório*

drem perfeitamente nos limites da agência. É o que poderá suceder, desde logo, caso se depare com uma *união ou coligação de contratos* (de agência e de concessão comercial, por ex.), ou com um *contrato misto*, a que seja de aplicar, total ou parcialmente, em conformidade com as regras que disciplinam estes contratos, o regime da agência[305].

específico: as sentenças do "Bundesgerichtshof" (BGH) de 11 de Dezembro de 1958 (NJW, 1959, pp. 144 e ss.), de 16 de Fevereiro de 1961 (NJW, 1961, pp. 662 e ss.) e de 11 de Fevereiro de 1977 (NJW, 1977, pp. 896 e ss.).

O BGH exigia, inicialmente, para que procedesse a aplicação analógica do §89 *b* do Código Comercial, três condições: que a relação concedente-concessionário não fosse uma mera relação vendedor-comprador, antes o concessionário pudesse equiparar-se ao agente pela sua integração (*Eingliederung*) na rede do concedente; que existisse uma concreta necessidade de protecção do concessionário(*konkrete Schutzbedürftigkeit*), o que sucederia se se "tivesse integrado na rede de distribuição do concedente através de um contrato de adesão"; e que sobre o concessionário recaísse uma obrigação contratual (*vertragliche Verpflichtung*) de transferir a sua clientela para o concedente no fim da relação (*Überlassung des Kundenstammes*). Destes três requisitos mantêm-se, na actualidade, o primeiro e o último, se bem que este venha sendo progressivamente atenuado. Quanto ao segundo requisito, o da *konkrete Schutzbedürftigkeit*, o BGH decidiu, em 1961, que para se considerar o concessionário "necessitado de protecção" seria preciso que ele *não tivesse investido capital próprio*, pois só então seria equiparável ao agente. Mas esta decisão foi objecto de numerosas críticas da doutrina, tendo-se feito notar que é quando o concessionário realiza maiores investimentos que mais necessidade tem de ver compensado o seu esforço, o qual, após o termo do contrato, irá reverter a favor do concedente (ver, por ex., KREIFELS/LANG, *Der Ausgleichsanspruch des Vertragshändlers*, in NJW, 1970, pp. 1769 e ss.), além de que o próprio § 89*b* do HGB, no seu âmbito de aplicação directa, não parte de qualquer concreta necessidade de protecção do agente (cfr. CANARIS, *op. cit.,* p. 369). Este requisito foi *abandonado* pelo BGH em 1977, tendo deixado de figurar entre os que a jurisprudência alemã exige para estender ao concessionário a indemnização de clientela prevista para o agente.

[305] Na jurisprudência, por último, adoptando esta posição, os Acórdãos do STJ de 9 de Novembro de 1999 (RLJ ano 133.°, pp. 124,ss) e de 3 de Maio de 2000 (CJ – Acs. STJ, ano VIII, tomo II, pp. 45,ss). Na doutrina, em geral, recorde--se ANTUNES VARELA, *Contratos mistos*, separata do BFD, Coimbra, 1968; distinguindo os negócios mistos do negócio indirecto, ORLANDO DE CARVALHO, *Negócio Jurídico Indirecto (Teoria Geral)*, separata do vol. X do "Suplemento ao Boletim

Contratos de Distribuição Comercial – Relatório

III — Mas temos entendido que esta indemnização poderá ainda beneficiar outros sujeitos, como os *concessionários* e os *franquiados*, sempre que a *analogia* se verifique. É que os contratos de concessão e de franquia envolvem, frequentemente, como sabemos, uma actividade e um conjunto de tarefas similares às da agência, estando os contraentes unidos, de modo idêntico, por relações de estabilidade e de colaboração e comungando de um objectivo comum[306].

Nem será obstáculo decisivo, *por si só*, o facto de o concessionário ou o franquiado actuarem por conta e em nome próprio, pois essa situação não evita que, no *plano interno*, o concedente e o concessionário, tal como o franquiador e o franquiado, sejam as partes da relação de distribuição. As *revendas*, pelo concessionário ou franquiado, aos clientes, constituem *obrigações que fazem parte dos contratos de concessão e de franquia*, como *contratos-quadro*. Acresce, por outro lado, poder de certo modo considerar-se o concedente ou o franquiador, *de um ponto de vista económico*, também como "parte" da relação de distribuição estabelecida com os terceiros, a ele ficando normalmente *ligada a clientela* no termo do contrato.

Tudo passa, assim, *num primeiro momento*, por averiguar, em cada caso concreto, se o distribuidor, pese embora juridicamente actue por conta própria, desempenhou *funções*, cumpriu *tarefas* e prestou *serviços* semelhantes aos de um agente, em termos de ele próprio dever considerar-se, pela actividade que exerceu, como um relevante *factor de atracção da clientela*. A sua (maior ou menor) *integração* na rede do concedente ou do franquiador[307], as obriga-

---

da Faculdade de Direito da Universidade de Coimbra", 1952, pp. 77 e ss. (n.º 3 do cap. III).

[306] Recorde-se o que escrevemos *supra*, n.ºs 18 e 19.

[307] Poderia objectar-se dizendo que quanto *maior* for a *integração* do concessionário ou do franquiado *menor* será o *mérito* destes na angariação da clientela e, ao invés, quanto *menor* for essa *integração mais avultará* o papel do concessionário e do franquiado na conquista da clientela; com a consequência de se justificar mais no segundo caso do que no primeiro a atribuição, no termo do contrato, da indemnização de clientela. Mas pode observar-se, em contrapartida, que

166   *Contratos de Distribuição Comercial – Relatório*

ções (mais ou menos extensas, mais ou menos intensas) que assume em ordem à prossecução e defesa dos interesses deste, os deveres de informação a seu cargo e de respeito pelas instruções que dele recebe, o tipo de bens distribuídos, etc., serão, para esse efeito, elementos importantes a considerar[308].

Se, ponderados todos esses factores, for de concluir, no caso concreto, pela *equiparação* de determinado concessionário ou franquiado, *atenta a actividade exercida*, a um agente, estarão removidas as *primeiras dificuldades* à aplicação analógica do regime da agência — e, portanto, à atribuição aos primeiros da indemnização de clientela que a lei prevê a favor do agente[309]. Assim como estará provado o requisito prescrito no art. 33.º, n.º 1, al. *a*).

é mais provável no primeiro caso do que no segundo a "*transferência*" da clientela para o concedente ou o franquiador — talvez melhor, a *manutenção* da clientela na sua órbita — e que é esta também a situação em que o concessionário e o franquiado *mais se aproximarão do agente*. Trata-se, aliás, de aspectos a que a jurisprudência alemã dá muito peso, estes da *integração* ("*Eingliederung*") do distribuidor e da "*transmissão*" *da clientela* para o concedente (ver, *supra*, nota 304). Pensamos, por outro lado, quanto ao *relevo* da acção do distribuidor na angariação da clientela — designadamente a tão falada *força atractiva da marca* do concessionário ou do franquiador, a *Sogwirkung der Marke*, a contrapor ao mérito da acção do distribuidor —, que isso será de tomar em conta na análise dos *requisitos* de que depende a indemnização de clientela (art. 33.º, n.º 1, alínea *a*), principalmente) e respectivo montante, a calcular segundo a equidade (art. 34.º).

[308] Recorde-se que os contratos de concessão e de franquia têm sido considerados, do mesmo modo que o de agência, como "contratos de gestão de negócios" (*Geschäftsbesorgungsvertrag*), competindo ao distribuidor *promover* e *zelar* pelos interesses da outra parte e *colaborar* com ela na realização do fim contratual: ver, *supra*, n.ºs 18 e 19.

[309] Trata-se da posição que temos adoptado (ver, por ex., o nosso *Contrato de agência. Anotação*, cit., pp. 117 –119) e que é também subscrita por MENEZES CORDEIRO, *Manual de Direito Comercial*, cit., n.ºs 216 e 219, por CARLOS LACERDA BARATA, *Anotações ao novo regime do contrato de agência*, cit., pp. 86-87, e por RUI PINTO DUARTE, *Tipicidade e atipicidade dos contratos*, cit., pp. 184,ss; generalizando a aplicação da indemnização de clientela a todos os concessionários, J. COELHO VIEIRA, *O contrato de concessão comercial*, cit., pp. 151 e ss.

Contratos de Distribuição Comercial – Relatório 167

Há que averiguar, porém, num *segundo momento,* se a norma que se convoca *é adequada* ou se *ajusta* ao contrato de concessão. Importa reflectir, para o efeito, sobre a *ratio legis*, a fim de vermos se a norma pode aplicar-se analogicamente, não bastando, pois, o *parentesco funcional* entre o concessionário e o agente[310].

Ora, no tocante à indemnização de clientela, regulada nos arts. 33.° e 34.° do Decreto-Lei n.° 178/86, sabemos já que ela se destina a *compensar* alguém (o agente) pelos benefícios de que outrem (o principal) *continue a usufruir* após o termo do contrato e que *devam creditar-se* ainda, no essencial, à actividade do primeiro antes de o contrato cessar. Há aqui dois aspectos a ter em conta, de acordo com a *razão de ser* desta medida, que se afiguram fundamentais para a solução do problema.

Em primeiro lugar, há que ver se a clientela foi *angariada* pelo agente ou se houve um *aumento substancial* do volume de negócios; em segundo lugar, importa apurar se e em que medida, *no futuro*, o principal irá *beneficiar dessa clientela* ou dessa *actividade do agente.*

Quanto ao primeiro aspecto, o que dissemos antes acerca da *equiparação* do concessionário e do franquiado ao agente mostra que se aqueles, no caso concreto — designadamente pelos *serviços* que prestaram, *tarefas* que cumpriram e *funções* que exerceram —, puderem ser considerados como relevante *factor de atracção da clientela* (ainda que não o único) estará então preenchido o primeiro requisito para a aplicação analógica da norma.

Mas isso não basta. Torna-se necessário, em segundo lugar, para que a finalidade desta medida seja alcançada, que o concedente ou o franquiador *venham a beneficiar dessa clientela*, que isso seja *previsível*. E é aqui que reside a segunda grande dificuldade. No contrato de agência, é o *principal* — não o agente — quem contrata com os clientes, ou o agente mas *por conta e em nome do principal* (art. 2.° do referido diploma); no contrato de concessão, ao invés, é o *concessionário* quem celebra os contratos com os clientes e fá-lo

---

[310] Recorde-se o que escrevemos *supra*, n.° 18- IV.

em seu nome e por sua conta, o mesmo sucedendo no "franchising", com o franquiado. Daí que, no primeiro caso, cessando o contrato, a clientela fique *ao dispor do principal*; no segundo caso, porém, isso *já não sucede assim*, pelo que faltaria um requisito fundamental da indemnização de clientela. Numa palavra, ainda que o distribuidor tenha angariado importantes clientes, o concedente, tal como o franquiador, não teriam meios jurídicos de virem a aproveitar-se deles após a cessação do contrato[311]. Eles seriam *clientes do distribuidor — não do concedente nem do franquiador!*

Essa a razão por que a jurisprudência alemã exige que o *contrato vincule o concessionário a transferir a clientela para o concedente*[312]. Mas este requisito tem-se vindo a *esbater* bastante, dando-o a jurisprudência por verificado se, *no decurso do contrato*, o concedente tiver acesso aos *dados da clientela* em poder do concessionário através do cumprimento, por este último, de *deveres contratuais* com esse alcance, em termos tais que a clientela fique *acessível ao concedente* quando findar a relação deste com o concessionário.

Estamos em crer que faz sentido esta preocupação com o *destino da clientela* após o termo do contrato. Trata-se de um aspecto fundamental a ter em conta, pois não é razoável compensar o agente/distribuidor pelo que fez no passado *senão na medida em que se preveja que isso virá a repercutir-se directamente, no futuro, em benefício do principal/concedente/franquiador.* É este, aliás, por isso mesmo, um requisito *legal* da indemnização de clientela: art. 33.°, n.° 1, al. *b*).

Mas para que essa preocupação seja respeitada e este requisito legal cumprido bastará que, no termo do contrato, o concedente ou o franquiador tenham *efectivo acesso* à clientela angariada pelo distribuidor, *sem que isso deva resultar de uma qualquer obrigação*

---

[311] Contra o que não deporia a possibilidade fáctica de recolherem alguns benefícios com tais clientes, pois isso não passaria de uma simples *vantagem reflexa*: cfr. CANARIS, *op. cit.*, p. 370.

[312] Cfr., *supra*, nota (304).

Contratos de Distribuição Comercial – Relatório

prevista no contrato[313] (que normalmente até existirá, tendo em conta a integração do concessionário e do franquiado e as obrigações, nomeadamente de zelar pelos interesses da outra parte, em que se traduz a índole de gestão destes contratos)[314]. Verificar-se-á, assim, uma *continuidade de clientela* ("Kundenkontinuität") susceptível de "continuar" a beneficiar o concedente[315].

Parece, em suma, *dentro do duplo condicionalismo analisado,* que será de atribuir ao concessionário e ao franquiado a indemnização de clientela prevista no art. 33.º do Decreto-Lei n.º 178/86, por aplicação *analógica* desta norma[316]. A análise do caso concreto afigura-se, pois, decisiva, quer no tocante à consideração do conces-

---

[313] Até porque, de outro modo, seria fácil contornar esta exigência e afastar a indemnização de clientela, através da eliminação, pelo concedente, de qualquer dever contratual que pudesse servir de argumento à acessibilidade da clientela (como o envio de listas de clientes, a possibilidade de livre acesso aos arquivos do concessionário, etc.). No mesmo sentido, cfr. MARTINEZ SANZ, *op. cit.*, p. 352.

[314] Ver, a propósito, CANARIS, *op. cit.,* pp. 364, quanto à concessão, e 384, quanto ao "franchising". Também ECKERT (*Die analoge Anwendung des Ausgleichanspruchs nach § 89 b) HGB auf Vertragshändler und Franchisenehmer,* in WM-1991, pp. 1237 e ss.) faz notar que, da obrigação de promoção, a cargo do concessionário, e de defesa dos interesses do concedente, resulta que os clientes angariados por aquele, se juridicamente serão dele, já de um ponto de vista económico, porém, fazem parte da clientela do concedente (p. 1243).

[315] Cfr. KARSTEN SCHMIDT, *Kundenstammüberlassung und "Sogwirkung der Marke": taugliche kriterien für den Ausgleichsanspruch des Vertragshändlers?,* cit., p. 2360. Ver também, ECKERT, *op.* e *loc. cits.*

[316] Uma nota adicional a respeito de uma dificuldade levantada quanto à consideração do concessionário ou do franquiado como factores de atracção da clientela: a *força de atracção da marca.* Objecta-se dizendo que não são eles que com a sua actividade *atraem* ou *fidelizam* os clientes — antes, a qualidade dos bens e a *vis atractiva* da marca. Observe-se, contudo, em primeiro lugar, que este reparo pode fazer-se também em relação ao *agente.* Depois, em segundo lugar, que não tem de ser *só* pela actividade do agente, do concessionário ou do franquiado que a clientela é angariada ou o volume de negócios aumentado. Por último, trata-se de um aspecto a apreciar em sede de preenchimento dos *requisitos* formulados pelo n.º 1, alínea *a*), do art. 33.º, bem como a respeito do *montante* da indemnização de clientela, a calcular segundo a *equidade,* conforme dispõe o art. 34.º.

sionário ou do franquiado como relevantes *factores de atracção da clientela*, nos termos atrás indicados, quer a respeito da *"transferência" da clientela* para o concedente/franquiador[317]. E não deixe de se ter sempre presente o relevo que deve atribuir-se, para esse efeito, ao *grau de intensidade* com que se afirmam, em cada situação, as notas que permitem *equiparar* tais sujeitos ao agente[318/319].

---

[317] A nossa jurisprudência tem-se mostrado aberta à aplicação ao concessionário da indemnização de clientela consagrada no art. 33.º. Por último, v. o Ac. do STJ de 3 de Maio de 2000 (CJ – Acs. STJ, ano VIII, tomo II, pp. 45,ss). Mas v. também a jurisprudência indicada *supra*, na nota (286).

[318] Cfr., de novo, *supra*, n.ºs 18 e 19, esp. 19 III e IV. A este respeito, sempre poderá observar-se, à partida, que o franquiado parece estar numa situação mais difícil, tendo em conta que ele beneficia normalmente, em grande medida, de uma clientela já *pré-constituída* e que os *factores de atracção* de *nova* clientela poderão pertencer, no essencial, ao franquiador (v. o nosso *Contratos de agência, de concessão e de franquia*, cit., n.º 11). Por isso mesmo é o franquiado que *paga* ao franquiador, pelos benefícios que este lhe proporciona. Mas também poderá contrapor-se que é na franquia que mais se *acentua* a *integração* na rede do franquiador, em termos semelhantes aos de um agente (cfr. CANARIS, *op. cit.*, pp. 389--390). Tudo dependerá, em suma, do caso concreto, à luz do *critério* apresentado.

No direito alemão, a favor da indemnização de clientela do concessionário, que corresponde à doutrina hoje dominante (apesar de opiniões diferentes, com relevo para ULMER, *Der Vertragshändler*, cit., pp. 449,ss), v., por ex., CANARIS, *op. cit.*, pp. 369,ss, KARSTEN SCHMIDT, *Handelsrecht*, cit., pp. 771,ss, VELTINS, *Zur analogen Anwendung*, cit., pp. 2063,ss, FOTH, *Der Ausgleichsanspruch des Vertragshändlers*, cit., pp. 151,ss, HOPT, *op. cit.*, pp. 18,ss, esp. n.ºs 12 e ss da anot. ao § 84, *Münchener Kommentar/* v. HOYNINGEN-HUENE cit., pp. 1122, ss, esp. n.ºs 17 e ss da anot. ao § 89 b). A favor da indemnização de clientela do franquiado, que corresponde também à doutrina dominante, v., por ex., CANARIS, *op. cit*, pp. 389,ss, KARSTEN SCHMIDT, *op e loc. cits.*, SKAUPY, *Franchising. Handbuch*, cit., pp. 139,ss, esp. 142-145, *Münchener Kommentar/* v. HOYNINGEN-HUENE, *op. e loc. cits.*, esp. n.º 24, MARTINEK, *Moderne Vertragstypen*, II, cit., pp. 150,ss, BODEWIG, *Der Ausgleichsanspruch des Franchisenehmers*, cit., pp. 638,ss.

[319] Quanto à atribuição da indemnização de clientela a outros sujeitos, por aplicação analógica do §89 b do HGB, entende-se que essa aplicação se restringe aos contratos de distribuição comercial. Assim, por ex., MARINA WELLENHOFER-KLEIN, na sua importante "Habilitationsschrift" sobre *Zulieferverträge im Privat- und Wirtschaftsrecht*, München, 1999, recusando essa aplicação aos *Zulieferverträge*, ou seja, a contratos de fornecimento, ou talvez melhor, a contratos mistos

42. Retoma dos bens em "stock"

Problema particularmente delicado, mormente no âmbito do contrato de concessão comercial, é o de saber se o concedente (ou, em geral, a contraparte do intermediário, caso este último tenha adquirido a propriedade dos bens), no termo do contrato, estará obrigado à *retoma* dos bens em *stock*. É que aqui, ao contrário do que normalmente sucede com o agente, o concessionário adquire, via de regra, a propriedade dos bens ao concedente. Ora, extinto o contrato, o concessionário ficará impedido de revender esses bens, apesar de lhe pertencerem, por se tratar de bens de marca e ele ter deixado de ser o "representante" desta, em virtude de ter cessado a autorização

de fornecimento, empreitada e prestação de serviços, duradouros e com uma forte componente de integração, cooperação e (inter)dependência, relativos a sectores muito actuais e de ponta, como a informática, mas típicos também de outros ramos, como a indústria automóvel, em que há empresas que se *especializam* no fabrico de componentes e que se comprometem a fabricar e fornecer ou montar tais peças e componentes. Modalidade dos *Zulieferverträge* são os *Just-in-time-Verträge*, contratos que acentuam dever tal fornecimento ou montagem ser efectuado em determinado momento exacto.

Pois bem, entende MARINA WELLENHOFER-KLEIN, como dissemos, que será de recusar nos *Zulieferverträge* a indemnização de clientela, designadamente porque "o fornecedor não angaria nenhum círculo de clientes que pudesse ainda trazer vantagens ao fabricante (*Abnehmer*), após a cessação do contrato", acrescentando que o § 89b do HGB surge como "preceito específico do direito dos distribuidores comerciais (*als spezifisch absatzmittlungsrechtliche Vorschrift*), cujo sentido e fim não são susceptíveis de transpor para o plano do fornecimento (*Beschaffungsseite*)": *op. cit.*, p. 397. O problema que se põe, nestes contratos, será, antes, o da indemnização pelos investimentos feitos, agravado pela especialização e dependência em que se encontra o fornecedor, problema que não se resolve, contudo, pela aplicação analógica do §89 b do HGB. Assim como poderá observar-se, é certo, que muitas vezes o fabricante ainda irá aproveitar-se, após a cessação do contrato (fabricando ele próprio ou encarregando outrem de o fazer), do "know-how" ou dos resultados desenvolvidos pelo antigo fornecedor, deixando este, de algum modo, de aproveitar os "frutos" do seu trabalho; mas não parece que seja pelo § 89 b que deva decidir-se este problema, antes ele cairá no âmbito do direito das licenças e das patentes.

que o contrato lhe conferia. Não é difícil imaginar os avultados prejuízos que, em muitos casos, esta situação pode acarretar ao concessionário (ou, em geral, a outros intermediários em idêntica situação, como o franquiado).

Daí que deva haver o especial cuidado de os interessados regularem previamente este ponto (pois no momento da cessação nem sempre é fácil um acordo deste tipo), mormente através de cláusula adequada inserida no contrato.

Na falta desta, e em princípio, não será de impor ao concedente ou ao franquiador a obrigação de retoma dos bens em *stock* (por ausência de base legal e/ou contratual). Esta posição afigura-se, muitas vezes, particularmente severa, "maxime" quando a cessação do contrato é devida a *culpa* do concedente/franquiador, caso em que a reparação do concessionário/franquiado poderá compreender a *obrigação de retoma* ou tais prejuízos serem imputados na *indemnização* a que ele tem direito.

Por outro lado, aquela solução poderá ser igualmente contrariada, em alguns casos, por via *hermenêutica* ou por *integração* (arts. 236.º e 239.º do Código Civil), designadamente à luz do princípio da *boa fé*, se for de concluir que tais compras teriam sido feitas sob *condição resolutiva*[320]. Isto é, a cessação do contrato de distribuição (antes de o distribuidor ter procedido à revenda dos bens) seria o evento que determinaria a resolução dessa compra, com a consequência de cada parte ter de restituir o que recebeu.

Nem se diga, com sentido crítico, que é preciso recorrer a uma "interpretação *divinatoire* da vontade das partes"[321]. Além de o recurso à vontade *hipotética* das partes ser um processo normal (em matéria de integração, de redução ou de conversão do negócio, por exemplo), a verdade é que a solução aqui propugnada pode mesmo ser *imposta* pelos ditames da *boa fé* (art. 239.º do Código Civil).

---

[320] Neste sentido se vem também inclinando alguma jurisprudência francesa: cfr. por ex., JCP 1983, IV, p. 323.

[321] DIDIER FERRIER, *Droit de la distribution*, cit., p. 313.

PARTE II

CONTEÚDOS

43. Programa e conteúdos

De acordo com o programa apresentado na Parte I, passamos agora a indicar os respectivos conteúdos.

Trata-se de um mero *enunciado* da matéria a leccionar e dos problemas a debater, muitos deles em conformidade com os desenvolvimentos a que já procedemos.

CONTRATOS DE DISTRIBUIÇÃO COMERCIAL

Introdução

1 – Considerações gerais sobre os objectivos, o programa e a índole do Curso. Metodologia das aulas. Apresentação da lista de temas. Avaliação de conhecimentos. Indicações bibliográficas

CAPÍTULO I

Os contratos de distribuição comercial
no direito português

2 – Na lei

3 – Na jurisprudência

4 – Na doutrina

CAPÍTULO II

Preliminares
Função e características gerais dos contratos de distribuição

5 – Noção, razão de ser e modalidades

6 – Breve perspectiva de direito comparado

7 – Âmbito

8 – Formação do contrato

9 – Distribuição e comércio

10 – Distribuição e consumo

11 – Contratos de dependência

12 – Distribuição e concorrência

13 – Formas da distribuição

14 – Regime jurídico

15 – Categoria jurídica

CAPÍTULO III
Modalidades dos contratos de distribuição

16 – Sequência

SECÇÃO I
Contrato de agência

17 – Noção

18 – Posição da jurisprudência antes da publicação do Decreto-
-Lei n.º 178/86, de 3 de Julho

19 – Evolução legislativa em Portugal e na União Europeia

Contratos de Distribuição Comercial – Relatório 177

20 – A Directiva 86/653/CEE, do Conselho, de 18 de Dezembro de 1986, sobre o agente comercial

21 – Elementos essenciais

21.1 – Obrigação de o agente promover a celebração de contratos
21.1.1 – Sentido e importância
21.1.2 – Agente com representação
21.1.3 – Cobrança de créditos
21.1.4 – Protecção de terceiros

21.2 – Actuação por conta do principal
21.2.1 – Sentido e razão de ser
21.2.2 – A defesa dos interesses do principal. A agência como contrato de gestão – de colaboração ou de cooperação. O relevo da relação de confiança

21.3 – Autonomia
21.3.1 – Sentido e razão de ser. Confronto com a subordinação e dependência típicas do contrato de trabalho
21.3.2 – Sua incidência na possibilidade de recurso a subagentes, na obrigação de respeitar as instruções do principal e no tocante ao reembolso de despesas

21.4 – Estabilidade
21.4.1 – Sentido e razão de ser; confronto com a mediação;
21.4.2 – Contratos por tempo determinado e por tempo indeterminado. A cláusula de prorrogação por períodos sucessivos

21.5 – Retribuição
21.5.1 – A agência como contrato oneroso e modos de cálculo da retribuição
21.5.2 – O direito à comissão

22 – A zona ou círculo de clientes e seu relevo no direito de exclusivo e na obrigação de não concorrência

23 – Delimitação
    23.1. – Contrato de mandato
    23.2. – Contrato de comissão
    23.3. – Contrato de mediação
    23.4. – Contrato de trabalho
    23.5. – Contrato de concessão
    23.6. – Contrato de franquia

24 – Direitos e obrigações das partes
    24.1 – Obrigações do agente
    24.2 – Direitos do agente
    24.3 – Direitos e obrigações do principal

25. – Protecção de terceiros
    25.1 – Dever de informação
    25.2 – Representação sem poderes
    25.3 – Representação aparente

SECÇÃO II

Contrato de concessão comercial

26 – Generalidades. Antecedentes

27 – Noção e características

28 – A concessão como contrato-quadro

29 – A concessão como contrato de colaboração

30 – A integração na rede do concedente

31 – Delimitação
    31.1 – Contrato de agência
    31.2 – Contrato de distribuição selectiva
    31.3 – Contrato de distribuição autorizada
    31.4 – Contrato de franquia

Contratos de Distribuição Comercial – Relatório

32 – Regime jurídico

SECÇÃO III
Contrato de franquia

33 – Generalidades. Origem

34 – Noção e características

35 – O "franchising" como contrato de distribuição e seu significado mais amplo

36 – Delimitação
    36.1 – Contrato de concessão
    36.2 – Contrato de licença
    36.3 – Contrato de "know-how"

37 – Modalidades
    37.1 – Franquia de serviços, de produção (ou industrial) e de distribuição
    37.2 – "Package franchise" e "product franchise"
    37.3 – "Master franchising"

38 – Regime jurídico

CAPÍTULO IV
Cessação do contrato

39 – Sequência

40 – Formas de cessação

41 – Mútuo acordo

42 – Duração do contrato

43 – Caducidade

44 – Denúncia

44.1 – Noção e requisitos
44.2 – Pré-aviso
44.3 – Abuso do direito
44.4 – Consequências da falta ou da insuficiência do pré--aviso
44.5 – "Denúncia-modificação"

45 – Resolução
45.1 – Noção e requisitos
45.2 – Fundamentos
45.3 – Declaração resolutiva

46 – Indemnização de clientela do agente
46.1 – Noção e razão de ser
46.2 – Modelos seguidos no direito comparado
46.3 – Requisitos legais
46.4 – Natureza jurídica

47 – Indemnização de clientela do concessionário e do fran-quiado
47.1 – O problema
47.2 – Aplicação analógica do regime do agente: critério

48 – O problema da extensão da indemnização de clientela e outros sujeitos

49 – Retoma dos bens em "stock"

PARTE III

MÉTODOS DE ENSINO

44. Grau de Mestre

Como é sabido, e de acordo com o próprio Regulamento em vigor, o Mestrado comprova nível aprofundado de conhecimentos num domínio científico e capacidade para a prática de investigação. Para o efeito, o grau de Mestre será conferido após aprovação em curso especializado e discussão de uma dissertação original.

O presente Relatório incide sobre a disciplina de Direito Comercial do referido curso especializado, na área de Ciências Jurídico--Empresariais.

45. Aulas

O reduzido número de alunos do Curso de Mestrado permite que as aulas decorram em regime de *seminário*.

Efectivamente, em conformidade com a índole de um Curso de Mestrado, que se pretende *participativo*, o número máximo de alunos admitidos é de 15. Isso estimula o *debate dos problemas* e facilita o *apoio à investigação*.

Logo na primeira aula apresentamos o Curso e o respectivo programa, bem como a bibliografia aconselhada; e damos conta da metodologia a seguir.

Após um período inicial em que a *iniciativa* da apresentação dos temas estará a nosso cargo, segue-se a exposição, *por cada estudante*, do respectivo tema, acompanhada de debate.

Por isso facultamos aos alunos, na primeira aula, uma *lista de temas* possíveis, sem prejuízo de eles próprios escolherem *outro* tema, dentro do programa do Curso, mediante acordo prévio connosco.

Cada aluno terá de escolher um tema; e fixar-se-á desde logo uma data para o expor. Mas isso não significa que a sua participação activa se reduza a esse momento, pois serão apreciadas as intervenções de cada um nos períodos de debate relativos a temas *introduzidos* pelos demais colegas. Ter-se-á em consideração o grau de conhecimento das matérias, o domínio dos problemas e a capacidade de raciocínio e de reflexão.

Ao longo destes anos, temos reservado as primeiras semanas de aulas para exposições nossas sobre temas do Curso. Procuramos fazê-lo de acordo com a *metodologia* que os próprios alunos terão depois de seguir.

Seleccionamos temas mais delicados e/ou de maior relevo, que apresentamos durante cerca de 45 minutos; a seguir abre-se o debate *com* e *entre* os alunos.

Isto permitirá familiarizar os estudantes com o *modelo* de aulas que adoptamos, ao mesmo tempo que lhes possibilitamos a preparação dos respectivos temas.

As aulas começam em meados de Outubro e terminam no fim de Junho.

46. Lista de temas

Dentro do espírito de abertura e de liberdade de investigação, que respeitamos, mas para orientar e facilitar a escolha dos alunos, vimos apresentando uma lista de temas que, com variações pontuais, é a seguinte:

1. Os contratos de distribuição comercial como categoria jurídica

2. Regime jurídico dos contratos de distribuição comercial

3. Do contrato de agência ao "franchising": qual a próxima "étape"?

Contratos de Distribuição Comercial – Relatório

4. Contrato de agência/de concessão/ de franquia/ de comissão/ de mediação / de distribuição autorizada / de distribuição selectiva/ de licença de marca/ de "know-how"...

5. Contrato de agência e contrato de trabalho: confronto

6. A protecção de terceiros no contrato de agência: problemas e soluções

7. O problema da "representação aparente" no contrato de agência

8. Elementos essenciais do contrato de agência

9. O direito de exclusivo no contrato de agência

10. A cláusula de garantia no contrato de agência

11. A cláusula de prorrogação do contrato por períodos sucessivos

12. Os direitos e as obrigações das partes perante a função do contrato de agência

13. A comissão do agente

14. O contrato de concessão (ou de franquia) como contrato-quadro

15. Do contrato de fornecimento/de venda exclusiva ao contrato de concessão comercial

16. O "franchising" como contrato de distribuição

17. Os contratos de integração

18. Os contratos de gestão

19. Os contratos de agência, de concessão e/ou de franquia perante o direito da concorrência

20. Os contratos de agência, de concessão e/ou de franquia perante o direito comunitário

21. Formas de cessação dos contratos de distribuição

186   *Contratos de Distribuição Comercial – Relatório*

22. Duração do contrato: necessidade de algum tempo mínimo?

23. Denúncia e abuso do direito

24. Resolução do contrato

25. Falta de fundamento da resolução

26. A indemnização de clientela do agente comercial

27. A indemnização de clientela do concessionário

28. A indemnização de clientela do franquiado

29. Outros possíveis beneficiários da indemnização de clientela

30. O problema dos bens em "stock" no termo do contrato

47. Avaliação

A avaliação de cada estudante toma em conta a sua *exposição oral* e todas as *intervenções* que faça ao longo do Curso, designadamente nos debates dos restantes temas, a cargo dos colegas.

Além disso, cada estudante terá de apresentar, até 15 de Setembro, um *trabalho escrito* sobre o tema que já expôs oralmente. É fundamental incentivar a investigação científica e a realização de pequenos trabalhos escritos; além do mais, eles poderão ser úteis para o candidato, servindo de treino e de apoio à dissertação.

Uma vez que o trabalho só tem de ser apresentado mais tarde, ele beneficiará da reflexão prévia que implicou a apresentação oral do tema, ao mesmo tempo que o aluno poderá responder às dúvidas, sugestões e críticas que logo naquele momento lhe foram feitas.

A classificação da parte escolar do Mestrado será de *Bom, Bom com distinção* e *Muito Bom*, correspondente a 14/15 valores, 16/17 e 18 ou mais, respectivamente.

48. Diploma de pós-graduação

Uma vez aprovado na parte escolar — o que implica aprovação em todas as disciplinas —, o candidato "tem o direito a um diploma de pós-graduação na respectiva área de especialização, do qual constará a classificação global obtida", como dispõe o actual Regulamento do Mestrado da Faculdade de Direito de Coimbra, no seu art. 18.°, n.° 1. O que vem, sem dúvida, valorizar a parte curricular do Mestrado.

49. Dissertação

Segue-se, no prazo de um ano, a entrega da dissertação, a qual será apreciada e discutida em provas públicas, pelo júri entretanto constituído. A classificação final será de *Bom*, *Bom com distinção* ou *Muito Bom*.

Como dissemos logo no início deste Relatório, é francamente positivo o balanço do Mestrado. A valorização dos candidatos tem sido acompanhada pela publicação de muitos e bons trabalhos, alguns de excelente nível, especialmente de dissertações, em benefício da Universidade e da Ciência Jurídica em geral.

BIBLIOGRAFIA

ABREU, Coutinho de — *Curso de Direito Comercial*, vol. I, 2.ª ed., Coimbra, 2000.

— *Da empresarialidade (as empresas no direito)*, Coimbra, 1994.

ALARCÃO, Rui de — *A confirmação dos negócios anuláveis*, I, Coimbra, 1971.

ALEXANDRE, Isabel Oliveira — *O contrato de franquia (franchising)*, in Dir., ano 123, 1991.

ALFF, Richard — *Handelsvertreterrecht*, 2.ª ed., Köln, 1983.

ALMEIDA, C. Ferreira de — *Os direitos dos consumidores*, Coimbra, 1982.

— *Recusa de cumprimento declarado antes do vencimento*, in "Estudos em Memória do Prof. Doutor Castro Mendes", Lisboa.

ALPA, Guido — *Tutela del consumatore e controlli sull'impresa*, Bologna, 1977.

AMIEL-COSME, Laurence — *Les réseaux de distribution*, Paris, 1995.

ANDRADE, Manuel de — *Teoria Geral da Relação Jurídica*, vol. II, Coimbra, 1972 (reimp.).

ASCENSÃO, J. Oliveira — *Parecer sobre "Aspectos Metodológicos e Didácticos do Direito Processual Civil"*, in RFDUL, vol. XXXV, Lisboa, 1994.

— *Parecer sobre o "Relatório sobre o Programa, o Conteúdo e os Métodos de Ensino da Disciplina de Direito e Processo Civil (Arrendamento)"*, in RFDUL vol. XXXVII, Lisboa, 1996.

— *Parecer sobre o "Ensino do Direito Comparado" do Doutor Carlos Ferreira de Almeida*, in RFDUL vol. XXXVIII, Lisboa, 1997.

— *Direito Comercial*, vol. I, *Parte Geral*, Lisboa, 1986/87.

— *Direito Comercial*, vol. II, *Direito Industrial*, Lisboa, 1988.

— *Cláusulas contratuais gerais, cláusulas abusivas e boa fé*, in ROA, ano 60, 2000.

ASCENSÃO, J. Oliveira/ FRADA, M. Carneiro da — *Contrato celebrado por agente de pessoa colectiva. Representação, responsabilidade e enriquecimento sem causa*, separata da RDE, 16 a 19, Coimbra, 1990 a 1993.

BACCHINI, Francesco — *Le nuove forme speciali di vendita ed il franchising*, Padova, 1999.

BAEL, Ivo Van/BELLIS, Jean-François — *Competition law of the European Community*, 3.ª ed., 1994.

BALDASSARI, Augusto — *I contratti di distribuzione. Agenzia, mediazione, concessione di vendita, franchising*, Padova, 1989.

BALDI, Roberto — *Il diritto della distribuzione commerciale nell'Europa communitaria*, Padova, 1984.

— *I contratto di agencia. La concessione di vendita. Il franchising*, 6.ª ed., Milano, 1997.

BARATA, Carlos Lacerda — *Sobre o contrato de agência*, Coimbra, 1991.

— *Anotações ao novo regime do contrato de agência*, Lisboa, 1994.

BARROCAS, Manuel Pereira — *O contrato de franchising*, in ROA, ano 49, Lisboa, 1988.

BARROS, Fernando Araújo de — *Contratos de cooperação comercial*, in "Textos", Centro de Estudos Judiciários, Lisboa, 1991-92/1992-93.

BAUDRILLARD, Jean — *A sociedade de consumo*, trad. port., Lisboa, 1991.

BEATSON, Jack/FRIEDMANN, Daniel — *Good faith and fault in contract law*, Oxford, New York, 1995.

BEAUCHARD, Jean — *Droit de la distribution et de la consommation*, Paris, 1996.

BEHAR-TOUCHAIS, Matine / VIRASSAMY, Georges — *Les contrats de la distribution*, in *Traité des contrats*, de JACQUES GHESTIN, Paris, 1999.

BELLIS — v. BAEL

BENJAMIN — v. GRINOVER

BENSOUSSAN, Hubert — *Le droit de la franchise*, Rennes, 1997.

BIOLAY, Jean-Jacques — *Droit de la distribution commerciale*, Paris, 1990.

BODEWIG, Theo — *Der Ausgleichsanspruch des Franchisenehemers nach Beendigung des Vertragsverhältnisses*, BB 1997.

BOGAERT/LOHMANN —*Commercial agency and distribution agreements. Law and pratice in the member States of the EC and the EFTA*, ed. 2.ª ed, London, 1993.

BORCHERT, Günter — *Verbraucherschutzrecht*, München, 1994.

BOURGOIGNIE, Thierry — *Élements pour une théorie du droit de la consommation*, Bruxelles, 1988.

BORK, Robert H. — *The antitrust paradox — a policy at war with itself*, 1978 (reimpressão 1993), New York.

BORTOLOTTI, Fabio — *Concessione di vendita (Contratto di)*, in NDI, Appendice, vol. II.

BRITO, Maria Helena — *O contrato de agência*, in "Novas perspectivas do Direito Comercial", Coimbra, 1988.

— *O contrato de concessão comercial*, Coimbra, 1990.

— *A representação nos contratos internacionais. Um contributo para o estudo do princípio da coerência em direito internacional privado*, Coimbra, 1999.

BROX, Hans — *Handelsrecht und Wertpapierrecht*, 14.ªed., München, 1999.

BULGARELLI, Waldirio — *Contratos Mercantis*, 11.ª ed., São Paulo, 1999.

CAGNASSO, Oreste — *Concessione di vendita*, in "Digesto delle Discipline Privatistiche", Sezione commerciale, III, Torino, 1988..

— *Concessione di vendita e franchising*, in GASTONE COTTINO, *Contratti commerciali*, Padova, 1991.

CALAIS-AULOY, Jean /STEINMETZ, *Droit de la consommation*, 5.ª ed., Paris, 2000.

CALISTO — v. PIZARRO

CAMPOS, Diogo Leite de — *A subsidiariedade da obrigação de restituir o enriquecimento*, Coimbra, 1974.

— *Ensaio de análise tipológica do contrato de locação financeira*, in BFD, Coimbra, 1987 (a separata é de 1989).

CAMPOS, João Mota — *Direito Comunitário*, III vol., *O ordenamento económico — O Mercado Interno da Comunidade*, Lisboa, 1991.

CANARIS, Claus-Wilhelm — *Die Vertrauenshaftung im deutschen Privatrecht*, München, 1971.

— *Handelsrecht*, 23.ª ed., München, 2000.

— *Pensamento Sistemático e Conceito de Sistema na Ciência do Direito*, trad. port.de MENEZES CORDEIRO, LISBOA, 1989.

— *Vide* LARENZ, *Methodenlehre der Rechtswissenschft*, 3.ed., Berlin, Heidelberg, New York, 1995.

CARVALHO, Orlando de — *Critério e estrutura do estabelecimento comercial*, Coimbra, 1967.

192 Contratos de Distribuição Comercial – Relatório

— *Negócio Jurídico Indirecto* (teoria Geral), *separata* do vol. X do "Suplemento ao Boletim da Faculdade de Direito da Universidade de Coimbra", 1952.

— *Teoria Geral do Direito Civil. Relatório sobre o Programa, Conteúdos e Métodos de Ensino*, Coimbra, 1976.

Castronovo, Carlo — *La nuova responsabilità civile*, 2.ª ed., Milano, 1997.

Catoni, Jean — *La rupture du contrat d'agent commercial*, Paris, 1970.

Cerami, Vincenzo — *Agenzia (contratto di)*, in ED, I, Milano, 1958.

Cesarini, P. — *Les systèmes de distribution sélective en droit communautaire de la concurrence*, in "Revue du Marché Unique Européen", 2-1992.

Champaud, Claude — *La concession commerciale*, in RTDCom, 1963.

Coelho, F. Pereira — *O enriquecimento e o dano*, Coimbra, 1970.

— *Arrendamento*, ed. policop., Coimbra, 1984.

Coelho, Vieira — *O contrato de concessão comercial*, Lisboa, 1991.

Comunicação e Defesa do Consumidor, Instituto Jurídico da Comunicação/ /Faculdade de Direito, Coimbra, 1996.

Cordeiro, A. Menezes — *Da Boa Fé no Direito Civil*, II, Coimbra, 1984.

— *Direito das Obrigações*, vol. 2.º, Lisboa, 1986, reimp..

— *Teoria Geral do Direito Civil — Relatório*, Separata da RFDUL, Lisboa, 1988.

— *Violação positiva do contrato*, ROA, ano 41.

— *Do contrato de franquia ("franchising"): autonomia privada versus tipicidade negocial*, ROA, ano 48, Lisboa, 1988.

— *Manual de Direito do Trabalho*, Coimbra, 1991.

— *Da cessão financeira (factoring)*, Lisboa, 1994

— *Direito Bancário. Relatório*, Coimbra, 1997.

— *Do contrato de concessão comercial*, ROA, ano 60, Lisboa, 2000.

— *Tratado de Direito Civil Português*, vol. I, tomo 1, 2.ª ed., Coimbra, 2000.

— *Manual de Direito Bancário*, 2.ª ed., Coimbra, 2001.

— *Manual de Direito Comercial*, Coimbra, 2001.

— V. Costa, M. Júlio de Almeida

Corona, E. Galan — *Los contratos de franchising ante el derecho communitario protector de la libre competencia*, in "Revista de Institutiones Europeas", vol. 13, Madrid, 1986.

CORREIA, A. Ferrer — *Lições de Direito Comercial*, vol. I (com a colaboração de M. Henrique Mesquita e António A. Caeiro), ed. policop., Coimbra, 1973 (bem como, actualmente, a ed. impressa destas *Lições*, Lex, 1994).
— *A procuração na teoria da representação voluntária*, BFD, vol. XXIV, 1948 (agora também nos "Estudos Jurídicos", vol. II, Coimbra, 1969).

COSTA, Mário Júlio de Almeida — *O Ensino do Direito em Portugal no Século XX (Notas sobre as Reformas de 1901 e 1911)*, Separata do BFD, vol. XXXIX, Coimbra, 1964.
— *Síntese do regime jurídico vigente das cláusulas contratuais gerais*, 2.ª ed., Lisboa, 1999.
— *Direito das Obrigações*, 10.º ed., Coimbra, 2000.

COSTA, Mário Júlio de Almeida/CORDEIRO, Menezes — *Cláusulas contratuais gerais. Anotação ao Decreto-Lei n.º 446/85, de 25 de Outubro*, Almedina, Coimbra, 1986.

COTTINO, Gastone — *Contratti commerciali*, Padova, 1991.

CRAHAY, Paul — *Les contrats internationaux d'agence et de concession de vente*, Paris, 1991.

CUNHA, Carolina —*A indemnização de clientela do agente comercial*, dact., Coimbra, 1998.

DE NOVA — *Nuovi contratti*, Torino, 1990.

DENARI — v. GRINOVER

DIAS, Maria Gabriela Figueiredo — *A assistência técnica nos contratos de know-how*, Coimbra, 1995.

DUARTE, Rui Pinto — *Tipicidade e atipicidade dos contratos*, Coimbra, 2000.

DUQUE, Mónica — *Da indemnização de clientela no contrato de agência*, dact., Coimbra, 1997.

DURETESTE, Suzanne — *Représentant de commerce*, in Rep. Dcom Dalloz, tome V, Paris, 1988.

EBNETER, J. Martin — *Der Franchise-Vertrag*, Zürich, 1997.

ECKERT, Jörn — *Die analoge Anwendung des Ausgleichanspruchs nach § 89 b) HGB auf Vertragshändler und Franchisenehmer*, in "Wertpapier-Mitteilungen"-WM-1991.

EISENBERG, Melvin — *Relational Contracts*, in *Good faith and fault in contract law*, ed. JACK BEATSON/DANIEL FRIEDMANN, Oxford, New York, 1995.

194 Contratos de Distribuição Comercial – Relatório

EPSTEIN, David/ NICKLES, Steve — *Consumer Law*, 2.ª ed., St. Paul, Minn., 1981.

EVANS-von KRBEK, Franziska-Sophie — *Die Analoge Anwendung der Vorschriften des Handelsvertreterrechts auf den Vertragshändler*, Bielefeld, s/d.

EVERS — v. KÜSTNER

EVERS, Jürgen/MANTEUFFEL, Kurt v. — *Die Inhaltskontrolle von Handelsvertreterverträgen*, Göttingen, 1998.

FERNANDES, L. Carvalho/LABAREDA, João — *Código dos processos Especiais de Recuperação da Empresa e de Falência Anotado*, 3.ª ed., Lisboa, 1999.

FERRIER, Didier — *Droit de la distribution*, Paris, 1995.

FILOMENO — v. GRINOVER

FINK — v. GRINOVER

FLOHR, *Eckhard* — v. MARTINEK/SEMLER

FORMIGGINI, Aldo — *Agenzia (contratto di)*, in NDI, I, Torino, 1957

FOTH, Dietmar — *Der Ausgleichsanspruch des Vertragshändlers*, Berlim, 1985.

FRIEDMANN — v. BEATSON

FRIGNANI, Aldo — *Factoring, leasing, franchising, venture capital, leveraged buy-out, hardship clause, countertrade, cash and carry, merchandising*, Torino, 1991.

GATSI, Jean — *Le contrat-cadre*, Paris, 1996.

GHESTIN, Jacques — *Traité des contrats* (v. BEHAR-TOUCHAIS)

GHEZZI, Giorgio — *Del contratto di agenzia*, in "Commentario del Codice Civile a cura di A. Scialoja e G. Branca", arts. 1742-1753, Bologna, Roma, 1970.

GILMORE — v. KESSLER

GOMES, Júlio - *A gestão de negócios, um instituto jurídico numa encruzilhada*, BFD, Coimbra, 1993.

— *O Conceito de Enriquecimento, o Enriquecimento Forçado e os Vários Paradigmas do Enriquecimento sem Causa*, Porto, 1998.

GOMES, M. Januário — *Da qualidade de comerciante do agente comercial*, in BMJ n.º 313

— *Em tema de revogação do mandato civil*, Coimbra, 1989.

— *Apontamentos sobre o contrato de agência*, in "Tribuna da Justiça", 3 (1990).

Contratos de Distribuição Comercial – Relatório

— *Contrato de franquia (franchising)*, in "Revista do Comércio", n.º 4, 1990.

GOMES, Orlando — *Contratos*, 12.ª ed., Rio de Janeiro, 1987.

GONÇALVES, M. Eduarda — v. SANTOS

GONZALEZ, Rafael Lara — *Las causas de extincion del contrato de agencia*, Madrid, 1998.

GORJÃO-HENRIQUES, Miguel — *Da restrição de concorrência na Comunidade Europeia: a franquia de distribuição*, Coimbra, 1998.

GOYDER, D. G. — *E.C. competition law*, Oxford, 1998.

GRINOVER, Ada Pellegrini / BENJAMIN, Antônio Herman/ FINK, Daniel Roberto / FILOMENO, José G.B. / WATANABE, Kazuo / JUNIOR, Nelson Nery/DENARI, Zelmo *Código Brasileiro de Defesa do Consumidor*, Comentado pelos Autores do Anteprojecto, 5.ª ed., Rio de Janeiro, 1998.

GUICHARD, Raul — *Da relevância jurídica do conhecimento no direito civil*, Porto.

GUYENOT, Jean — *Les conventions d'exclusivité de vente*, in RTDCom, 1963.

HAASE, Jörg — *Absatzmittlungsverträge zwischen Warenproduzenten und Eigenhändlern. Eine Untersuchung aus kartell- und aus wettbewerbsrechtlicher Sicht*, Köln, Berlin, Bonn, München.

Heidelberger Kommentar zum Handelsgesetzbuch, 5.ª ed., Heidelberg, 1999.

HENRIQUES, Paulo —*A desvinculação unilateral "ad nutum" nos contratos civis de sociedade e de mandato*, Coimbra, 2001.

HESSE — v. STUMPF

HOPT, Klaus — *Handelsverterrecht. §§84 — 92 c, 54, 55 HGB mit Materialien*, 2.ª ed., München, 1999.

HIEKEL, Hans-Jürgen — *Der Ausgleichsanspruch des Handelsvertreters und des Vertragshändlers*, Bielefeld, 1985.

HOYNINGEN-HUENE — in *Münchener Kommentar zum Handelsgesetzbuch*, Band 1, Erstes Buch, § 31-104, München, 1996.

Il rapporto di agenzia. Profili di diritto interno e comunitario, Rimini, 1989.

JAUERNIG/VOLLKOMMER — *Bürgerliches Gesetzbuch*, 4.ª ed., München 1987.

JORGE, F. Pessoa — *O mandato sem representação*, Lisboa, 1961.

JÖERGES, Christian — *Contract and status in franchising law*, in "Franchising and the law. Theoretical and comparative approaches in Europe and the United States", Baden-Baden.

JÚNIOR — v. GRINOVER

196 Contratos de Distribuição Comercial – Relatório

Juris-Classeur Commercial, Ventes commerciales, II.

KESSLER, Friedrich/GILMORE, Grant / KRONMAN, Anthony T. — *Contracts. Cases and Materials*, 3.ª ed., Boston, Toronto, 1986.

KOLLER v. — ROTH

KOLLER v. — MORCK

KORAH, Valentine — *EC competition law and practice*, 6.ª ed., Oxford, 1997.

KREIFELS/LANG — *Der Ausgleichsanspruch des Vertragshändlers*, in NJW, 1970.

KRONMAN — v. KESSLER

KÜSTNER, Wolfram — *Das neue Recht des Handelsvertreters*, 3.ª ed., Stuttgart, München, Hannover, Berlin, Weimar, Drusden, Boorberg, 1997.

— in RÖHRICHT/GRAF von WESTPHALEN, *Handelsgesetzbuch. Kommentar*, Köln, 1998.

KÜSTNER/MANTEUFFEL/EVERS, *Der Ausgleichsanspruch des Handelsvertreters*, Göttingen, 1998.

KÜSTNER/MANTEUFFEL, Kurt von — *Berechnung des Ausgleichsanspruch des Vertragshändlers*, in BB, 1988.

LABAREDA — v. FERNANDES

LANG — v. KREIFELS

Lamy Droit Économique — Concurrence, Distribution, Consommation, 1993.

LANGE, Knut Werner — *Das Recht der Netzwerke. Moderne Fragen der Zuzammenarbeit in Produktion und Vertrieb*, Heidelberg, 1998.

LARENZ, *Lehrbuch des Schuldrechts*, Band II, *Besonderer* Teil, Halbband 1, 13.ª ed., München, 1986.

— *Allgemeiner Teil des deutschen Bürgerlichen Rechts*, 7.ª ed., München, 1989.

— *Metodologia da Ciência do Direito*, 2.ª ed., trad. port. de JOSÉ LAMEGO (da 5.ª ed., alemã), Lisboa, 1989.

LARENZ/CANARIS, *Methodenlehre der Rechtswissenschft*, 3.ed., Berlin, Heidelberg, New York, 1995.

LARENZ/WOLF, *Allgemeiner Teil des Bürgerlichen Rechts*, 8.ª ed., München, 1997.

Le contrat-cadre. 2. La distribution, sob a direcção de A. SAYAG, Paris, 1995.

LEITÃO, Luis Menezes — *O enriquecimento sem causa no direito civil*, Lisboa, 1996.

— *Direito das Obrigações*, vol. I, Coimbra, 2000.

Contratos de Distribuição Comercial – Relatório

LEITE, Jorge — *Direito do Trabalho*, vol. I, Coimbra, 1998.

LELOUP, Jean-Marie — *La franchise. Droit et pratique*, 2.ª ed., Paris, 1991.

LIMA Pires de/ANTUNES VARELA — *Código Civil Anotado*, vol. II, 4.ª ed., Coimbra, 1997.

LUMINOSO, Angelo — *I contratti tipici e atipici*, Milano, 1995.

MACHADO, J. Baptista — *Pressupostos da resolução por incumprimento*, in "Estudos em Homenagem ao Prof. Doutor Teixeira Ribeiro", vol. II, Coimbra, 1979.

— *Tutela da confiança e "venire contra factum proprium"*, RLJ ano 118.º.

— *Contrato de locação de estabelecimento comercial. Denúncia e resolução*, CJ, ano XIV, tomo II.

— *"Denúncia-modificação" de um contrato de agência*, Anotação ao Acórdão do STJ de 17 de Abril de 1986, in RLJ ano 120.º.

MACAULAY — *Non–contractual relations in business: a preliminary* study, in *Readings in the economics of contract law*, ed. GOLDBERG, Cambridge, 1989.

MACNEIL — *Economics analysis of contractual relations*, in RICHARD CRASWELL/ALAN SCHWARTZ, *Foundations of contract law*, New York, Oxford, 1994.

MAIA, Pedro — *Função e Funcionamento do Conselho de Administração da Sociedade Anónima*, dact., Coimbra, 1994.

MANTEUFFEL — v. KÜSTNER

MANTEUFFEL — v. EVERS

MARCOS, Rui de Figueiredo — *História do Direito. Relatório sobre o programa, o conteúdo e os métodos de ensino*, Coimbra, 1999.

MARQUES, J. Dias — *Teoria Geral do Direito Civil*, vol. II, Coimbra, 1959.

MARQUES, M. Manuel Leitão — *O endividamento dos consumidores* (coord.), Coimbra, 2000.

— v. SANTOS.

MARTINEK, Michael — *Moderne Vertragstypen*, München, Band I, 1991, Band II, 1992, e Band III, 1993.

— *Aktuelle Fragen des Vertriechesrechts*, 3.ed., Köln, 1992.

— *Vom Handelsvertreterrecht zum Recht der Vertriebssysteme*, in ZHR, 161, 1997.

MARTINEK/SEMLER — *Handbuch des Vertriebsrechts*, München, 1996.

MARTINEZ, José António — *Intermediários Comerciais — Contrato de Agência*, in "Indústria Portuguesa", 1971.

MARTINS, Fran — *Contratos e obrigações comerciais*, 13.ª ed., Rio de Janeiro, 1995.

Mémento Pratique Francis Lefebvre — Distribution, 1992-1993.

MERÊA, Paulo — *Esboço de uma História da Faculdade de Direito*, in BFD, vol. XXIX, 1953.

MESQUITA, José Andrade — *Notas acerca do contrato de franchising*, in "Boletim do Conselho Nacional do Plano", n.º 14, 1988.

MESQUITA, Manuel Henrique — *Uma nova figura real: o direito de habitação periódica*, in RDE, 1982.

— *Vide* Correia, A. FERRER.

MESTRE, Jacques — *Résiliation unilatérale et non-renouvellement dans les contrats de distribution*, in "La cessation des relations contractuelles d'affaires", Presses Universitaires d'Aix-Marseile, 1997.

MIRANDA, Miguel — *O contrato de viagem organizada*, Coimbra, 2000.

MONTEIRO, António Pinto — *Contrato de Agência (Anteprojecto)*, in BMJ n.º 360.

— *Agência e distribuição comercial*, separata da Revista "Dereito", vol. III, n.º 1, Santiago de Compostela, 1994.

— *Contrato de agência. Anotação ao Decreto-Lei n.º 178/86, de 3 de Julho*, Coimbra, 1.ª ed., 1987, 2.ª ed., 1993, 3.ª ed., 1998 e 4.ª ed., 2000.

— *Contrato de agência*, in "Direito das Empresas", cord. DIOGO LEITE DE CAMPOS, Lisboa.

— *Contratos de agência, de concessão e de franquia ("franchising")*, in "Estudos em Homenagem ao Prof. Doutor Eduardo Correia, III, Coimbra, 1984.

— *Il contratto di agenzia rivisitato. La direttiva CEE/86/653*, in "Rassegna di diritto civile", 1996, n.º 4, e in "Diritto Privato Comunitario", vol. I, Napoli, 1997.

— *Sobre a protecção do agente comercial no direito português e europeu*, BFD 1995.

— *Denúncia de um contrato de concessão comercial*, Coimbra, 1998 = *Anotação* ao Acórdão da Relação do Porto de 27 de Junho de 1995, RLJ ano 130.º.

Contratos de Distribuição Comercial – Relatório

— *A protecção do consumidor de serviços públicos essenciais*, in AJU-RIS, 1998.

— *A protecção do consumidor de serviços de telecomunicações*, in "As Telecomunicações e o Direito na Sociedade da Informação", Instituto Jurídico da Comunicação/Faculdade de Direito, Coimbra, 1999.

— *O Direito do Consumidor em Portugal, in* RBDC, n.º 17, Rio de Janeiro, 1999.

— *Conclusões do* Congresso, in *Comunicação e Defesa do Consumidor*, Instituto Jurídico da Comunicação/Faculdade de Direito, Coimbra, 1996.

— *La responsabilité du fait des produits au Portugal*, in «La Directive 85/374/CEE relative à la responsabilité du fait des produits: dix ans après", ed., Monique Goyens, Centre de Droit de la Consommation, Louvain-la-Neuve, 1996.

— *Introdução ao Direito ao Consumidor*, policop., Coimbra, 1999.

— *Cláusulas limitativas e de exclusão de responsabilidade civil*, Coimbra, 1985.

— *Cláusula penal e indemnização*, Coimbra, 1990, reimp. 1999.

— *Do Direito do Consumo ao Código do Consumidor*, in EDC, n.º 1, Coimbra, 1999.

— *Contrato de agência com um transitário, ilicitude da resolução e indemnização de clientela (Anotação)*, RLJ ano 133.º.

— *Contratos de adesão: o regime jurídico das cláusulas contratuais gerais instituído pelo Decreto-Lei n.º 446/85, de 25 de Outubro*, in ROA, ano 46, Lisboa, 1986.

— *The Impact of the Directive on Unfair Terms in Consumer Contracts on Portuguese Law*, in ERPL vol. 3, 1995.

— *El problema de las condiciones generales de los contratos y la directiva sobre cláusulas abusivas en los contratos de consumidores*, in RDM, n.º 219, Madrid.

— *La transposition de la directive européenne sur les clauses abusives au Portugal*, in ERPL, vol. 5, 1997.

MONTEIRO, Bessa — *Franchising*, RPI, n.º 17.

MONTEIRO, J. Sinde — *Estudos sobre a responsabilidade civil*, Coimbra, 1983.

MONTEIRO, J. Sinde/SÁ, Almeno de — *Das portugiesische AGB-Gesetz und die Umsetzung der EG - Richtlinie über mißbräuchliche Klauseln in Verbraucherverträgen*, in BFD, Coimbra, 1997.

200   *Contratos de Distribuição Comercial – Relatório*

Münchener Kommentar zum Handelsgesetzbuch, Band 1, Erstes Buch, § 31-
-104, München, 1996.

NEGUERELA, José Luis Vélaz — *Las redes comerciales*, Pamplona, 1999.

NEUNER, Jörg — *Privatrecht und Sozialstaat*, München, 1999.

NEVES, A. Castanheira — *A unidade do sistema jurídico: o seu problema e o
seu sentido*, sep. dos "Estudos em Homenagem ao Prof. Doutor Teixeira
Ribeiro", Coimbra, 1979 (agora também em *Digesta*, 2.º, Coimbra,
1995).

NICKLES — v. EPSTEIN

NOUEL, Guide Loyrette — *Le droit de la concurrence de la C.E.E.*, 4.ª ed.,
Paris, 1982.

OETKER, Hartmut — *Das Dauerschuldverhältnis und seine Beendigung*,
Tübingen, 1994

OLAVO, Carlos — *O contrato de "franchising"*, in "Novas Perspectivas do
Direito Comercial", Coimbra, 1988.

PARDOLESI, Roberto — *I contratti di distribuzione*, Napoli, 1979.
— *Contratti di distribuizone*, in EG, Roma, 1988.

PEGO, J. Mariano — *A posição dominante relativa no direito da concorrência
(Análise jurídico-económica)*, dact., Coimbra, 1996.

PEREIRA, Alexandre Dias — *Da franquia de empresa ("franchising")*, BFD
1997.

PFEIFFER, Thomas — *Handbuch der Handelsgeschäfte*, Köln, 1999.

PIGASSOU, Paul — *La distribution integrée*, in RTDCom, tome XXXIII, 1980.

PINTO, Carlos Mota — *Cessão da posição contratual*, Coimbra, 1970.
— *Contratos de adesão. Uma manifestação jurídica da moderna vida
económica*, in RDES, Coimbra, 1973.
— *Teoria Geral do Direito Civil — Relatório sobre o Programa, os
Conteúdos e Métodos de Ensino*, Coimbra, 1976
— *Teoria Geral do Direito Civil*, 3.ª ed., Coimbra, 1985.

PINTO, Paulo Mota — *Aparência de poderes de representação e tutela de terceiros. Reflexão a propósito do artigo 23.º do Decreto-Lei n.º 178/86, de
3 de Julho*, in BFD, 1993.
— *Declaração tácita e comportamento concludente no negócio jurídico*, Coimbra, 1995.
— *Direito da Publicidade*, Apontamentos ao Curso de Direito do Consumo, policop., Coimbra, 1999.

Contratos de Distribuição Comercial – Relatório   201

— *Conformidade e garantias na venda de bens de consumo. A Directiva 1999/44/CE e o direito português*, in EDC, n.º 2, Coimbra, 2000.

PIZARRO, Sebastião Nóbrega /M. MENDES CALIXTO — *Contratos financeiros*, 2.ª ed., Coimbra, 1995.

PONT, Manuel Broseta — *Manual de Derecho Mercantil*, 9.ª ed., Madrid, 1991.

POSNER, Richard A — *Antitrust law — an economic perspective*, 1976, The University of Chicago Press.

PRADA, Iglesias — *Notas para el estudio del contrato de concesión mercantil*, in "Estudios de Derecho Mercantil en Homenagen a Rodrigo Uría", 1978.

PRIETO, Eduardo Ortega — *El contrato de agencia*, Madrid, Barcelona, Bilbao, s/d.

PROENÇA, J. C. Brandão — *A resolução do contrato no direito civil (do enquadramento e do regime)*, Coimbra, 1982.

RIBEIRO, Ana Paula — *O contrato de franquia (franchising) — No direito interno e no direito internacional*, Lisboa, 1994.

RIBEIRO, Maria de Fátima — *O contrato de franquia ("franchising")*, dact., Coimbra, 1996.

RIBEIRO, J. Sousa — *Cláusulas contratuais gerais e o paradigma do contrato*, Coimbra, 1990,

— *O problema do contrato. As cláusulas contratuais gerais e o princípio da liberdade contratual*, Coimbra, 1999.

RINALDI, Raimondo — *Il nuovo Regolamento della Comissione Europea sugli accordi verticali*, in DCI, Abril-Junho 2000.

RÖHRICHT/GRAF von WESTPHALEN — *Handelsgesetsbuch. Kommentar*, Köln, 1998.

ROPPO, Vincenzo — *I contratti della distribuzione integrata. Appunti*, in "Economia e diritto del terziario", n.º 1, 1994.

ROTH, Wulf-Henning — in KOLLER/ROTH/MORCK, *Handelsgesetzbuch. Kommentar*, 2.ª ed., München, 1999.

RUIZ, Nuno — *Contrato Internacional de agência*, I.C.E.P., 1987.

— *O "franchising": introdução à franquia internacional*, ICEP, Lisboa, 1988.

RUß, Werner — in *Heidelberger Kommentar zum Handelsgesetzbuch*, 5.ª ed., Heidelberg, 1999.

202 Contratos de Distribuição Comercial – Relatório

SÁ, Almeno de — *Cláusulas contratuais gerais e directiva sobre cláusulas abusivas*, Coimbra, 1999.

— v. MONTEIRO, J. Sinde.

SALVADOR, Manuel — *Contrato de mediação*, Lisboa, 1964.

— *Contrato de agência. A boa fé no mandato aparente e na interpretação. Repúdio do critério de uma justiça particular para o caso a decidir*, in "Justiça Portuguesa", ano 34, 1967.

SANCHEZ, Luis-Felipe Ragel — *La denuncia unilateral sin justa causa en el contrato de agencia por tiempo indeterminado*, in "Anuario de Derecho Civil", tomo XXXVIII, Madrid, 1985.

SANTINI, Gerardo — *Il commercio. Saggio di economia del diritto*, Bologna, 1979.

— *Commercio (I- Disciplina privatistica)*, in EG, VII, Roma, 1988.

SANTOS A. Carlos/M. EDUARDA GONÇALVES/M. M. LEITÃO MARQUES — *Direito Económico*, Coimbra, 1995.

SANZ, Fernando Martínez — *Distribución a través de agentes y derecho de defensa de la competencia*, RDM, Madrid, 1996.

— *Contratos de distribución comercial: concessíon e franchising*, in SI, tomo XLIV, 1995.

— *La indemnizacion por clientela en los contratos de agencia y concession*, 2.ª ed., Madrid, 1998.

SANZ, Fernando Martínez/MONTEAGUDO, Montiano/RAMÍREZ, Felip Palau — *Comentario a la ley sobre contrato de agencia*, Madrid, 2000.

SAYAG, A. — v. *Le contrat-cadre*

SCHWYTZ, Ingo — *Vertragshändlerverträge*, 3. ed., Heidelberg, 1992.

SCHMIDT, Karsten — *Kundenstammüberlassung und «Sogirkung der Marke": taugliche Kriterien für den Ausgleichsanspruch des Vertragshändlers?*, in DB, 1979.

— *Handelsrecht*, 5. ed., Köln, Berlin, Bonn, München, 1999.

SCHRÖDER, Georg — *Recht der Handelsvertreter*, 4.ª ed., Berlin e Frankfurt a. M., 1969 (existe uma 5.ª ed,., de 1973)..

SCHWARZ, Hubertus — *Sobre a evolução do mandato aparente nos direitos romanísticos. Seu significado para o direito português*, in RDES, ano XIX, 1972.

SEMLER, Franz-Jörg — *Handelsvertreter- und Vertragshändlerrecht*, München, 1988.

— *Vide* Martinek.

Serens, M. Nogueira — *Direito da concorrência e acordos de compra exclusiva (práticas nacionais e práticas comunitárias)*, Coimbra, 1993.

Serna — *Agent commercial*, in Rep DCom Dalloz, tome I, Paris, 1972

Serra, A. Vaz — *Anotação* ao Acórdão do STJ de 7 de Março de 1969, in RLJ ano 103.°.

— *Anotação* ao Acórdão do STJ de 26 de Maio de 1970, in RLJ ano 104.°.

— *Resolução do contrato*, in BMJ n.° 68.

— *Do cumprimento como modo de extinção das obrigações*, in BMJ n.° 34.

Silva, J. Calvão da — *Responsabilidade civil do produtor*, Coimbra, 1990.

— *Protecção do consumidor*, in "Direito das Empresas", cord. Diogo Leite de Campos, INA, 1990.

Silva, Gomes da — *O «representante comercial» e sua remuneração*, in "SI", ano 2 (1952-53).

Simões, Barata — *Franchising. Franquia, inovação e crescimento*, Lisboa, 1991.

Skaupy, Walter — *Das "Franchising" als zeitgerechte Vetriebskonzeption*, in DB, 1982.

— *Franchising. Handbuch für die Betriebs- und Rechtspraxis*, 2.ª ed., München, 1995.

Steinmetz — v. Calais-Auloy

Stumpf, Herbert/Hesse, Hannes — *Der Ausgleichsanspruch des Vertragshändlers*, in BB, 1987.

Sufrin — v. Wish

Sullivan, L. A.— *Handbook of the law of antitrust*, 1977.

Telles, Inocêncio Galvão — *Manual dos contratos em geral,* 3.ª ed., Lisboa, 1965.

— *Contratos civis*, in BMJ n.° 83.

— *Das condições gerais dos contratos e da Directiva europeia sobre as cláusulas abusivas,* in "O Direito", ano 127.°, 1995.

— *Contrato duradouro com termo final. Denúncia,* Parecer publicado na CJ, ano XI, tomo III.

— *Direito das Obrigações*, 7.ª ed., Coimbra, 1997.

Theux, Axel de — *Le statut européen de l'agent commercial. Approche critique de droit comparé*, Bruxelles, 1992.

— *La fin du contrat d'agence commerciale. Articles 18 à 24 de la loi du 13 avril 1995*, Bruxelles, 1997.

— *Le droit de la représentation commerciale*, Bruxelles, tomo I, 1975, tomo II, vol. I, 1977, e tomo II, vol. II, 1981.

THUME, Karl-Heinz — *Neues zum Ausgleichsanspruch des Handelsvertreters und des Vertragshändlers*, BB 1994.

TORRES, Modesto Bescós — *Factoring y franchising. Nuevas técnicas de domínio de los mercatos exteriores*, Madrid, 1990.

TREITEL, G. H. — *The law of contract*, 9.ª ed., London, 1995.

TSCHUK, Aglaia — *Der Ausgleichsanspruch bei Beendigung des Handelsvertreterverhältnisses*, Wien, 1994.

ULMER, Peter — *Der Vertragshändler. Tatsachen und Rechtsfragen kaufmännischer Geschäftsbesorgung beim Absatz von Markenwaren*, München, 1969.

URÍA, Rodrigo — *Derecho Mercantil*, 21.ª ed., Madrid, 1994.

URQUIZA, Cristina Pellisé de — *Los contratos de distribución comercial*, Barcelona, 1999.

VASCONCELOS, Miguel Pestana de — *O contrato de franquia (franchising)*, Coimbra, 2000.

VASCONCELOS, Pedro Pais de — *Contratos atípicos,* Coimbra, 1995.

VARELA, Antunes — *Contratos mistos*, separata do BFD, Coimbra, 1968.

— *Das Obrigações em geral*, vol. I, 10.ª ed., Coimbra, 2000, e vol. II, 7.ª ed., Coimbra, 1997.

— *Contrato de leasing*, in Orlando Gomes/Antunes Varela, *Direito Econômico*, São Paulo, 1972.

— *Vide* LIMA, Pires de.

VELTINS, Michael A. — *Zur analogen Anwendung von § 89 b) HGB auf den Ausgleichsanspruch des Eigenhändlers*, in NJW 1984.

VIDAL, Francisco Mercadal — *El contrato de agencia mercantil*, Zaragoza, 1998.

VIEIRA, J. Coelho — *O contrato de concessão comercial*, Lisboa, 1991.

VIRASSAMY, Georges — *Les contrats de dépendance. Essai sur les activités professionnelles exercées dans une dépendance économique*, Paris, 1986.

— v. BEHAR — TOUCHAIS

VOLLKOMMER — v. JAUERNIG

WADE, Patricia / MEYER-WITTING, Bernd — *Handelsvertreterrecht in England*, in GRAF von WESTPHALEN, *Handbuch*.

WATANABE — V. GRINOVER

WELLENHOFER-KLEIN, Marina — *Zulieferverträge im Privat- und Wirtschaftsrecht*, München, 1999.

WESTPHALEN, Graf von — *Handbuch des Handelsvertreterrechts in EU — Staaten und der Schweiz*, Köln, 1995.

WILBURG, Walter — *Entwicklung eines beweglichen Systems im bürgerlichen Recht*, Graz, 1950.

WILLEMART, Marc/WILLEMART, Stéphane — *La concession de vente et l'agence commerciale*, Bruxelles, 1995.

WISH, Richard/SUFRIN, Brenda — *Competition Law*, 3.ª ed., London, Edinburgh 1993.

XAVIER, Alberto P. — *Subsídios para uma lei de defesa da concorrência*, "Ciência e Técnica Fiscal", n.° 138, Junho de 1970.

XAVIER, Vasco Lobo — *Relatório sobre o Programa, os Conteúdos e os Métodos do ensino de uma Disciplina de Direito Comercial*, in BFD, vol. LXII, Coimbra, 1986.

— *Direito Comercial*, ed. policop., Coimbra, 1977-78.

ZACCARIA, Alessio — *La mediazione*, Padova, 1992.

ZANELLI, Enrico — *"Franchising"*, in NDI, Appendice, III, Torino, 1982.

ÍNDICE

Agradecimento 4
Siglas 5

Introdução

1. Relatório. 9
2. Disciplina 10
3. Mestrado 10
4. Antecedentes 11
5. Resultados do Mestrado. 16
6. Ciências Jurídico-Empresariais 17
7. Direito Comercial. Tema. 18
8. Sequência 19

PARTE I

PROGRAMA

CAPÍTULO I

OS CONTRATOS DE DISTRIBUIÇÃO COMERCIAL
NO DIREITO PORTUGUÊS

9. Na lei 25
10. Na jurisprudência. 27
11. Na doutrina 28

208 *Contratos de Distribuição Comercial – Relatório*

CAPÍTULO II

PRELIMINARES
FUNÇÃO E CARACTERÍSTICAS GERAIS DOS CONTRATOS DE DISTRIBUIÇÃO

12. Âmbito	33
13. Distribuição e comércio	34
14. Distribuição e consumo	39
15. Contratos de dependência	46
16. Distribuição e concorrência	50
17. Formas da distribuição	60
18. Regime jurídico	62
19. Categoria jurídica	69

CAPÍTULO III

MODALIDADES DOS CONTRATOS DE DISTRIBUIÇÃO

20. Sequência	75

SECÇÃO I

CONTRATO DE AGÊNCIA

21. Noção	76
22. Elementos essenciais	84
22.1. Obrigação de o agente promover a celebração de contratos	84
22.2. Actuação por conta do principal	92
22.3. Autonomia	93
22.4. Estabilidade	94
22.5. Retribuição	96
23. Delimitação	97
23.1. Contrato de mandato	98
23.2. Contrato de comissão	99

Contratos de Distribuição Comercial – Relatório 209

23.3. Contrato de mediação 101
23.4. Contrato de trabalho....................................... 103
23.5. Contrato de concessão 104
23.6. Contrato de franquia 104

SECÇÃO II

CONTRATO DE CONCESSÃO COMERCIAL

24. Generalidades... 105
25. Noção e características 108
26. Delimitação 112
    26.1. Contrato de agência 112
    26.2. Contrato de distribuição selectiva 113
    26.3. Contrato de distribuição autorizada..................... 115
    26.4. Contrato de "franchising" 115
27. Regime jurídico 115

SECÇÃO III

CONTRATO DE FRANQUIA

28. Generalidades... 117
29. Noção e características 120
30. Contratos de concessão e de franquia 122
31. Modalidades... 123
32. Regime jurídico 125

CAPÍTULO IV

CESSAÇÃO DO CONTRATO

33. Sequência.. 129
34. Formas de cessação 130

210 Contratos de Distribuição Comercial – Relatório

35. Mútuo acordo 131
36. Duração do contrato 132
37. Caducidade 133
38. Denúncia 134
39. Resolução 142
40. Indemnização de clientela do agente 149
41. Indemnização de clientela do concessionário e do franquiado 161
42. Retoma dos bens em "stock" 169

PARTE II
CONTEÚDOS

43. Programa e conteúdos 173

PARTE III
MÉTODOS DE ENSINO

44. Grau de Mestre 181
45. Aulas 182
46. Lista de temas 182
47. Avaliação 184
48. Diploma de pós-graduação 185
49. Dissertação 185
Bibliografia 187
Índice 205